무등산 스토리텔링 및 문화콘텐츠 연구

이 용 식 지음

시와사람

무등산 스토리텔링 및 문화콘텐츠 연구

2023년 12월 16일 인쇄
2023년 12월 20일 발행

지은이 | 이 용 식
펴낸이 | 강 경 호
기획·인쇄 | 도서출판 시와사람
디자인 | 정 찬 애
등 록 | 1994년 6월 10일 제 05-01-0155호
주 소 | 광주광역시 동구 양림로119번길 21-1(학동 151-4)
전 화 | (062)224-5319
팩 스 | (062)225-5319
E-mail | jcapoet@hanmail.net

ISBN 978-89-5665-708-0 03810

값 15,000원

*잘못된 책은 구입하신 서점에서 바꾸어 드립니다.
*지은이와의 협의로 인지를 붙이지 않습니다.
*이 책은 전라남도, 전남문화재단의 후원을 받아 발간되었습니다.

공급처 ■ 한국출판협동조합
경기도 파주시 적성면 적성산단3로 10(적성일반산업단지 내)
주문전화 (02)716- 5616, 070- 7119- 1740

무등산 스토리텔링 및 문화콘텐츠 연구

|책을 펴내며|

광주를 상징하는 친근한 이미지를 떠올리면 완만한 산등성이로 이어져서 포근함을 안기는 무등산이 생각난다. 지역을 오랫동안 지키며 살았던 사람들에게 무등산은 무심한 세월을 함께 했던 든든한 존재였다. 저자는 무등산이 바라보이는 마을에서 태어나 계절의 순환과 시간의 흐름에도 그 친근함을 내보이는 모습을 지켜볼 수 있는 곳에서 자랐다. 어릴 적에는 그 소중함을 짐작도 못 했지만, 그리움이 추억을 불러오면 묵묵히 광주를 지키는 그 커다란 산이 가슴에 가득 채워졌다. 성인이 된 후에는 광주를 떠나서 목포, 무안으로 삶의 터전이 바뀌었지만, 마음 한구석에 남겨진 아련한 그리움에 이끌려 무등산에 대한 인문학적 고찰을 시작하게 되었다. 지질학적 대상으로 인식하던 산에서 점점 지평을 넓혀 무등산이 고이 간직한 옛이야기에서 시작하여 현재에 이르는 관련 이야기를 정리, 분류하여 자원의 가치 및 활용에 대해 고찰을 하게 되었다. 더불어 무등산의 산악문화를 분석하고 조명하여 문화자산으로서 산을 증명하고픈 마음에 학위논문 「무등산 스토리 자원과 문화콘텐츠 개발방안 연구」를 하게 되었다. 이후 전남 문화관광재단에서 관광 활성화 방안, 무안문화원에서 인문학과 지역학에 관한 연구와 사업을 구상하면서 해양

과 내륙에 대한 역사와 문화를 탐구하게 되었다. 문화 사업을 구상하며 생활인으로 잠시 내려놓고 잊었던 내륙과 산에 관한 연구가 생각났다. 이미 논문 연구로부터 얼마간 시간이 흘렀기에 변화된 환경에 맞추어 내용을 수정하고 지질공원으로서 위상에 맞는 내용도 첨삭하여 이번에 책을 출간하게 되었다.

1972년 도립공원으로 2013년에 국립공원 21호로 지정된 무등산은 그동안 지질학적 특성을 주제로 한 자연과학 분야가 주된 연구의 대상이었다. 그나마 인문분야의 연구는 무등산과 관련된 문학과 한시 등에 국한되어 있어 좀 더 다양한 관점 혹은 학제적 연구가 필요하다고 여겼다. 지리적으로 도심 가까이 위치하여 사람들과 삶의 호흡을 함께 했던 무등산을 인문학적 측면에서 '산'으로서 가치를 재조명할 필요가 있다고 여겼다. 꾸준한 연구를 통해 산과 그 산 주변에서 삶을 공유했던 사람들이 오랫동안 간직하고 전승한 문화적 특성을 파악할 수 있는 다양한 방법으로 접근하기를 기대하는 마음으로 연구를 시작하였다.

무등산을 품고 있는 지역은 광주뿐만 아니라 화순, 담양을 아우르는 이웃한 지역 사람에게도 산과 경계를 공유하며 그들 지역만의 특성 있는 역사 문화적 전통을 가꾸고 계승하며 서로 다른 문화적 차이를 만들었다.

이와 같은 상황에서 이 책이 주목한 것은 자연의 대상으로 기억되던 산에서 확장하여 사람들과 끊임없이 소통하며 전해 내려오는 사실에 대한 기록과 거짓으로 이야기되어온 기억에서 우리 자신의 모습을 찾아보는 데 있다. 거대한 문명의 변화와 흐름에도 우리가 잃지 말아야 할 것이 무엇인지를 찾아보고, 과거의 오래된 먼지를 털어내는 마음으로 현재화한 가치재로서 무등산이 다양하게 활용되기를 바라기에 여러 가지 방안을 제시하였다.

이 책은 앞에서 밝힌 것처럼 학위논문에 관한 내용을 산과 인문학에 관심이 있는 분들과 공유하고 싶은 마음에서 제작하였다. 이에 다소 경직된 표현을 고치려 노력하였으나 전달하려는 문맥적 내용이 달라져서 아쉽지만 많은 부분을 그대로 사용하였음에 죄송할 따름이다.

무등산에 대한 관심은 산 주변에서 태어나고 살아왔던 삶의 연대적 책임감과 인문학에 대한 훌륭한 스승을 만나 공부할 수 있었던 행운도 큰 자극이 되었다. 이런 관계 속에서 알게 된 지식을 여러 사람과 나눌 수 있게 되어 매우 기쁘다. 부디 이런 부족한 노력이 모여 산에 대한 관심을 지질 뿐 아니라 인문적 관점으로 확대해서 적용한다면 경계권에 대한 사회 · 경제 · 인문적 연구에 큰 도움이 되리라 생각된다.

연구를 시작할 때의 막막함과 방향성을 잃고 헤맬 때, 지평을 넓히도록 도움 주신 전남대의 나경수 선생님과 대학에서 혹은 사사로운 인연에도 흔쾌히 배움을 허락한 여러 선생님과 선후배님께 감사의 말씀을 전해 드린다.

저자 이 용 식

| 무등산 스토리텔링 및 문화콘텐츠 연구 - 차례 |

무등산 스토리텔링 및 문화콘텐츠 연구

I

서론

무등산 스토리텔링 및 문화콘텐츠 연구

Ⅰ. 서론

1. 연구의 배경 및 목적

우리나라는 산으로 둘러싸인 낮은 평야지대의 지형이 중심을 이루고 있다. 오래 전 사람들은 산을 등지고 낮은 시냇물이 돌아나가는 배산임수(背山臨水) 지형에 터를 잡았다. 풍수의 영향으로 농사에 적합한 평야지대에 마을이 위치하였고, 산과 물이 있는 곳에 터를 잡았다. 즉, 사람들은 산을 중심으로 산 속에서 거주하거나 산을 바라보는 위치에서 살았다. 낮거나 혹은 높고 험준한 산일지라도 사람들에게는 삶을 이어갈 터전이었던 셈이다.

우리 산의 골격을 이루는 백두대간(白頭大幹)은 백두산에서 시작하여 지리산까지 이어지는 큰 산줄기이다. 거대한 산맥인 백두대간에서 시작된 산줄기는 여러 갈래로 갈라지며 낮고 작은 산으로 이어진다. 바로 그 갈라진 산줄기를 타고 형성된 골짜기와 들이 뻗어 내려간 곳에 터를 형성하였고, 그곳에 사람들이 모여 사는 지형이었다. 산을 경계로 형성된 마을에서 산은 지역을 나누는 지표이며, 그 마을의 고유한 문화를 형성하고 지키는 역할을 하였다. 우리 국토에서 산이 차지하는 비율을 1945년대는 70%였으나 현재는 남한 국토 면적의 약 63.7%가 산이라고 한다. 남한에서 200m 이상의 산이 4,440개라는 산림청의 조사는 더불어 그 이하의 등록되지 않은 낮은 산이 이보다 훨씬 많을 것이라는 추측을 낳는다. 즉 비산비야(非山非野)를 합치면 산 아닌 곳이 드물며, 한 마디로 산지국가라고 해도 과언이 아니다.

산을 중심으로 삶의 터전을 형성하여 산으로부터 빚어진 문화를 다양하게 함유한 우리나라는 산의 나라이기도 하다. 단군신화에서 상징하듯이 한국인의 뿌리는 산사람(仙)이고, 한국의 신은 산신이다. 한국인은 산을 중심으로 터를 잡고 생활하다 죽어서는 다시 산에 묻히니 그 묘소를 산소(山所)라고 했다. 이렇듯 산은 생활 깊숙이 자리 잡은 우리의 삶의 원형 공간이며, 실제적인 삶의 토대였다.

무등산도 이러한 산과 사람의 삶이 공존하는 형성과정과 연관이 깊다. 무등산은 오랜 시간의 흐름과 사건에 따른 자연물의 순환적 세계로, 이곳을 터전으로 삼았거나 스쳐갔던 사람들에 의해 만들어지며 구성된 문화적 산물이기도 하다. 따라서 무등산은 시간과 공간이 끊임없이 생성, 반복되는 시간성과 공간성을 지닌 존재적 대상물이라고 할 수 있다.

지리적으로 무등산은 광주와 화순 · 담양에 걸쳐 있는 광주 · 전남의 진산이며, 산세가 유순하여 어느 곳에서나 쉽게 오를 수 있는 곳으로, 곳곳에 펼쳐진 주상절리와 기암괴석은 미적 아름다움을 자랑한다. 또한 무등산은 광주 시내 중심가인 충장로 5가에서 정상까지 직선으로 9.2km의 가까운 거리에 위치하여 짧은 시간에도 산을 둘러볼 수 있어 지역민에게는 더욱 친숙한 공간으로 인식된다. 따라서 오래 전부터 무등산 주변을 생활거점으로 삼았던 사람들의 마음속에서 공유된 이미지로 내재되어 면면히 이어져 오고 있다. 이러한 무등산은 최근에는 탐방객의 발길이 끊이지 않는 분주한 공간이 되었다. 무등산이 국립공원으로 승격된 2012년 이후부터는 전국적인 관심을 받게 되면서 타 지역의 방문객까지 가세하여 인산인해를 이루고 있다. 또한 학술적 가치와 희소성이 인정된 우리나라 최대 규모의 주상절리를 '유네스코 세계지질공원'으로 등록하면서 무등산은 대내외적으로 관심을 받고 있다.

이에 발맞춰 무등산과 관련된 지형적 특징과 주상절리대에 대한 지질과학적인 학술 연구는 비교적 많이 이루어졌지만, 인문학적 접근 연구는 매우 부족한 실정이다. 더구나 유네스코 세계지질공원 지정 기준이 자연물의 특이성 · 보존가치성뿐 아니라 역사나 문화적인 전승가치도 고려한다는 점을 간과해서는 안 될 것이다. 이와 함께 현재에 어떻게 활용되고 있는지는 유네스코 세계지질공원 인증에 있어 중요한 요소로 작용한다.[1] 따라서 무등산의 높은 문화적 가치를 내포한 스토리자원을 조사 · 수집하고 문화콘텐츠로 바꾸는 현대적 개발 방안을 마련해야 할 필요성이 있다고 본다. 아울러 스토리자원

1) 전남대학교 한국공룡연구센터, 『무등산 주상절리대 일대 학술조사 및 세계유산 등재 추진방안 연구보고서』, 광주광역시, 2013, 242~246쪽 참조.

을 통해 무등산에 문화적 기능을 부여할 필요가 있다고 생각된다.

인간은 본질적으로 스토리적 존재이다. 인간의 탄생에서 죽음에 이르는 생애 순간순간이 모두 이야기의 소재가 된다. 인간이 존재하는 장소에는 항상 스토리가 있으며, 신화 · 전설 · 우화 · 설화 · 소설 · 서사시 · 역사 · 비극 · 추리극 · 희극 · 무언극 · 회화 등에도 스토리의 흔적들이 남아 있다. 스토리가 없는 인간사회는 존재할 수 없으며 어느 시대나 공간을 막론하고 스토리를 담지 않은 적은 없었다. 사람에게는 각각의 스토리가 있으며, 예술성 여부와 상관없이 사람은 항상 스토리와 함께 존재하고 있다. 이렇듯 사람은 스토리 속에서 태어나 무수한 스토리의 창작물 안에서 살아가는 한편 죽음의 순간까지 자신만의 스토리를 만들어간다. 즉 사람이 다녀간 자리에는 발자국과 더불어 스토리의 흔적이 묻어 있다 할 수 있다. 이런 스토리는 사회의 발전 과정에서 중요한 역할을 수행하였으며, 문화적 산물로 기억되거나 전승되었다. 무등산 스토리자원에는 사람과 자연, 사람과 사람이 맺은 다양한 관계가 투영되어 있고, 활용 가능한 문화자원으로 현재적 가치들을 지니고 있다.

이런 맥락에서 본 연구의 목적은 다음과 같다.

첫째, 무등산과 관계된 사람들의 삶 속에서 생성된 스토리자원[2)]에 대한 현황과 유형을 살펴보는데 있다.

2) 스토리를 자원적 가치를 중심으로 접근하는 방식이며, 문화자원이나 관광자원에서 쓰이는 자원의 개념을 그대로 준용해 스토리자원에 대한 개념을 정리해 보면 '스토리의 문화적 가치를 내재하고 있으며 문화적 활용을 통해 가공할 수 있는 원료(source)로써 각종 줄거리가 있는 스토리나 스토리성격을 지닌 자원을 통틀어 이르는 말'로 정리할 수 있다.

둘째, 전통적인 산에 대한 사고를 바탕으로 문화원형 이미지를 분석하고, 문화콘텐츠로의 전환 가능성에 대해 살펴보고자 한다.

셋째, 무등산의 스토리자원이 다양한 분야의 콘텐츠로 사용될 수 있는지에 대한 가능성들을 제시하고자 한다.

산은 문화권역을 나누어 구분하는 중요한 척도가 된다. 사람들은 오랜 시기에 걸쳐 산과 관련된 다양한 문화적인 흔적을 남기고 있다. 이 흔적을 조사하고 정리하여 콘텐츠 소재로 전환하는 작업이 필요하며, 무등산도 예외일 수는 없다. 국립공원 승격, 국가지질공원 지정, 유네스코 세계지질공원 지정 및 재인증 등 일련의 과정이 추진되면서 지질, 공간의 자연물(自然物)을 대상으로 하는 연구는 다양하게 진행되고 있는 반면 산과 사람들이 생활해오며 남긴 문화적 자원에 대한 연구와 관심은 부족하다고 생각된다.

이에 산과 사람의 관계 속에 오랫동안 전승되어온 스토리자원을 조사, 정리하여 현대적 가치성을 부여하는 연구는 산과 함께 삶을 이어오는 이들에게는 꼭 필요한 작업이라 할 수 있다. 이는 스토리자원이 중요한 문화적 자산으로 세계적인 가치를 지니고 있다는 사실을 알리기기 위한 것이며, 다양한 활용 방안을 찾는 시작점이라 할 수 있다. 이런 활용 방안을 찾는 작업이 진정 전통문화 자원을 지키고 보호할 수 있는 대안이 될 것이다.

따라서 본 연구에서는 무등산 스토리자원을 개발하고, 스토리텔링을 통해 스토리가 과거에 머물러 있는 낡은 자원이 아닌 현재적인 모습들을 다양하게 투영한 콘텐츠로 변환하여 활용될 수 있는 여러 가지 방안들을 함께 모색하고자 한다.

2. 산에 대한 연구사 검토

1970년대까지 산은 개발의 장애 요인이라 생각되어 쓸모없이 여겼었다. 현대 과학기술의 발달과 도시화의 급속한 진행은 자연과 생태계에 영향을 끼치며 심각한 환경오염과 자연훼손을 초래하게 되었다. 개발의 폐해를 심각하게 겪은 후에야, 비로소 자연환경과 생태계에 대한 훼손을 방지 할 수 있는 환경 친화적인 방향으로 개발을 하려고 노력하고 있다. 이제 사람들은 산을 단순히 자연의 일부로만 여기지 않고 생태의 보루로 인식하였으며, 산악문화와 산지생활사는 지속가능한 삶의 양식으로 이해하게 되었다. 산은 문화와 자연을 담는 그릇으로, 인간의 치유와 회생의 공간으로 인식하고 있다. 산에 대한 자연 환경적이고, 역사 · 문화적인 비중이 커질수록 관련 기록과 지식 정보를 발굴하고 체계화하려는 노력이 늘어나고 있다.

여기에서는 산악문화 연구에 대한 전통적인 지식체계를 살펴보고, 역사 · 문화자원을 문화콘텐츠로 개발하기 위한 선행연구들을 검토해 보고자 한다.

우리나라에서 산에 대한 본격적인 기록은 산림생활사 및 산악지리에 관한 자료수집 및 사회적 필요에 의해 시작되었다. 조선시대는 각종 지리지(地理誌), 유산기(遊山記), 백과전서(百科全書), 산보류(山譜), 풍수록(風水錄) 등이 편찬되었다.[3] 이들 기록물에는 산에 대한 여러 계층의 문화적 인식과 이해가 반영되어 있다.

지리지(地理誌)의 경우 조선 건국 이후 중앙집권 통치에 필요한

3) 최원석, 『사람의 산, 우리 산의 인문학』, 한길사, 2014, 218쪽.

정보를 얻기 위해 편찬되었다. 명산 혹은 진산 관련 내용이 수록되었고, 모든 지방의 주요 산의 기재 및 행정중심지로부터 거리와 위치 정보가 추가되었다. 『신증 동국여지승람(新增東國輿地勝覽)』은 사림계층의 사회적 성장과 유교적 이데올로기가 사회전반을 지배했던 분위기를 반영한 채 산지의 명승과 산악 경관 외에 시문 · 기문 등이 실려 있다.[4] 조선 후기에는 관찬지리지와 사찬읍지의 편찬이 활발하게 이루어졌다. 산의 내맥(來脈)과 같은 계통적인 파악과 풍수적 정보 등이 추가되었으며 산지 계통에 대한 향촌사회의 관심이 커지면서 기록 내용도 더욱 심화되어 있다.

유학적인 소양을 지닌 지식인들이 서술한 유산기(遊山記)도 편찬되었다. 유산기는 조선 중기에 편찬된 지리지의 산천 조(山川 條)에 실려 있다. 이러한 경향은 조선 후기에 편찬된 지리지에서도 확인된다.[5] 또한 유산기는 조선 후기에 편찬된 『청량지(淸凉誌)』, 『두류전지(頭流全志)』 등에서도 확인된다. 이 책자들은 산지(山誌)의 편제 및 구성에 있어서 주요한 위치를 차지하고 있다.[6]

또한 조선 후기에는 산림생활사 및 명승경관 등의 내용이 실린 백과전서가 편찬되었다. 실용적인 지리정보가 종합적이고 체계적으로 정리되었는데 홍만선의 『산림경제(山林經濟)』는 산림생활사를 정리하였고, 전국의 산을 계통적인 체계분류에 기초하여 군현별로 총 정

4) 앞의 책, 2014, 223쪽.

5) 최원석, 「한국의 산 연구전통에 대한 유형별 고찰」, 『역사민속학』 제36집, 민속원, 2011, 231쪽.

6) 박영민, 「유산기의 시공간적 추이」, 『민족문화연구』 제40집, 2004, 23쪽.

리한 저술인 신경준의 『산수고(山水考)』는 명산과 승경(勝景)에 관한 정보를 자세히 실었으며, 성해응의 『동국명산기(東國名山記)』도 동일한 유형에 해당된다.[7]

기존의 산지체계에 대한 연구전통과 지리정보는 산경표(山徑表) 등 산보식(山譜式) 서술방식을 따르고 있다.[8] 족보가 동족관계를 공식화 · 명문화하듯이 산보에는 산명과 이명, 위치와 거리, 발원지와 분속 관계 등을 기록하였다. 국토와 산맥의 체계를 공식화하고, 지역의 지형과 지리를 공간적 계통적으로 통합한 형식을 따른다.

조선 후기에 이르러 향촌사회와 사회계층 전반에 걸쳐 풍수사상이 유행하면서 산수경(山水經) 혹은 산수록(山水錄) 등의 이름을 붙인 풍수이론서가 널리 유포되었다. 명당지에 대한 지리정보가 기록된 답산가(踏山歌)와 유산록(遊山錄) 등의 기록물이 유행하였고,[9] 종족의식 강화의 일환으로 문중의 묘지의 선택을 중시하는 향촌사회의 분위기에 편승하여 묘산지(墓山誌)가 편찬되기도 하였다. 이러한 풍수록류(風水錄類)의 기록물은 조선 후기의 산악문화를 이해하는데 좋은 자료가 된다. 전통시대의 산과 산악문화에 대한 연구는 자연환경과 생활문화 등이 큰 비중을 차지한다.

최근에 이르러서 산에 대한 관심이 커지고 비중이 높아지면서 연구단체와 전문 연구자의 숫자가 늘어나고 있다. 산에 대한 연구는 자

7) 최원석, 앞의 논문, 2011, 237쪽.

8) 김종혁, 「산경표의 문화지리학적 해석」, 『문화역사지리학』 제14집, 2002, 88~2쪽.

9) 최원석, 「조선후기 지식인의 풍수에 대한 인식과 실천에 관한 일 고찰 - 玉所 權燮의 墓山誌를 중심으로」, 『민속학연구』 제18호, 2006, 96~100쪽.

연과학 분야 외에 역사·문화적 분야에서도 다양한 시도가 이루어지고 있다. 전통적인 산악문화에 대한 담론을 정리하고 현대적 의미를 조명한 주요 연구는 다음과 같다.

최원석은 「중국의 태산문화 전개와 한국의 수용양상 연구」에서 동아시아 산악문화를 구성하는 한 요소인 태산문화를 중국의 역사적 담론 전개와 한국의 문화적 수용 양상의 측면에서 살폈다. 중국의 태산문화가 지리지식과 지리정보, 태산 지명과 경관의 공간적 재현, 태산과 불교 신앙의 결합 등의 한국 산악문화로 수용되는 양상을 연구하였다.[10]

문경현은 「신라인의 산악숭배와 산신」에서 신라인의 고유 신앙 중에서 최고의 자리에 있었던 신앙을 산악숭배로 정의하였다. 또한 산악숭배 전통이 계속 전승되어 내려 왔음을 고찰하고, 산악숭배 신앙의 신격과 조상신, 여성신의 성격과 관계를 다각도로 검토하였다.[11]

김풍기는 「오대산 인식의 역사적 변천과 문화사적 의미」에서 예로부터 영동지역의 큰 산인 오대산의 민간 신앙적 인식을 살피고, 이런 신앙적인 관계가 지역주민의 동질성에 영향을 끼쳤으며, 중국의 오대산 신앙과 습합하면서 불교적인 색채로 융합해 가는 과정을 밝혔다. 또한 조선 후기에는 도가적 신비주의와 결합하는 과정을 통해 오대산에 대한 산악 인식변화에 대해 고찰하였다.[12]

10) 최원석, 「중국의 태산문화 전개와 한국의 수용 양상」, 『문화역사지리』 제24권 제3호, 한국문화역사지리학회, 2012.

11) 문경현, 「신라인의 산악숭배와 산신」, 『신라문화제학술발표논문집』 제12집, 신라문화선양회, 1991.

12) 김풍기, 「오대산 인식의 역사적 변천과 문화사적 의미」, 『동방한문학』 제26집,

오창명은 「제주도 마을과 산악 이름의 종합적 연구」에서 제주도의 산악 270개의 고유한 이름을 분석하고 기존 전설이나 지명과 관련된 한자 지명 표기를 중시하면서 잘못 표기된 산악이름을 찾아내어 밝혔다. 또한 옛 지도와 문헌을 참고하여 사라져버린 음상과 뜻을 찾아내고, 지명이 지닌 의미와 뜻을 통해 산악문화 양상을 분석하였다.[13)]

한편 국내 산악문화 연구단체로는 '지리산권문화연구단'이 있으며, 2007년부터 '지리산권 문화연구'라는 과제를 수행하고 있다. 그동안 연구 성과를 정리한 지리산 인문학의 기초 자료 10권과 토대연구 10권, 심화 연구 10권으로 구성된 『지리산인문학 대전』을 발간하였다. 『지리산 인문학 대전』은 기존의 연구 성과를 압축적으로 담아내고, 지리산에 대한 인문 연구의 큰 성과가 기대된다.[14)]

이와 같이 산악문화에 대한 연구는 자연과학 중심의 연구전통에

동방한문학회, 2004.

13) 오창명, 「제주도 마을과 산악 이름의 종합적 연구」, 『탐라문화』 제18집, 제주대학교탐라문화연구소, 1997.

14) 지리산인문학대전은 기초 자료로 지리산권 금석문, 지리산권 지식인의 잠언, 지리산권 서원자료 선집, 지리산권 유산기 선집, 지리산권 불서, 지리산권 설화, 지리산권 민속(풍수를 중심으로), 지리산권 저항운동, 지리산권 지명유래집, 지리산권 고지도 선집이 있으며, 토대연구로는 지리산과 이상향, 지리산권 유학의 학맥과 사상, 지리산권 불교의 사상과 문화, 지리산권의 인물과 삶, 지리산의 신앙과 풍수, 지리산의 저항군, 지리산문학의 새로운 지평, 지리산의 문화와 장소 정체성, 지리산권의 생태적 가치, 지리산의 세계 유산적 가치와 한 · 중 · 일 명산문화의 총10권이 발간되었다. 또한 심화 연구로 두류전지 연구, 지리산 유람록 연구, 지리산 불교사 연구, 지리산 계단식논 연구, 지리산과 한라산의 비교연구, 지리산 인문학사전이 발간될 예정이다.

서 벗어나 보다 확장된 문화적 측면에서의 접근이 이루어지고 있다. 그러나 산악문화를 문화적 자원으로 인식하고 현대적인 기능을 부여하는 연구는 한계가 있다. 이에 산악문화를 현대적 콘텐츠로 활용할 수 있는 여러 방안들을 마련할 필요가 있다고 생각된다.

한편 무등산 관계 연구는 대부분 지형지질에 관한 자연과학 중심의 접근이 이루어졌다. 이에 비하여 인문학적 연구는 부족한 편이나, 한문학과 설화 등을 중심으로 일부 성과가 축적된 바 있다.

김대현은 19세기 이전의 무등산 유산기와 20세기 유산기로 자료를 구분하여 「무등산 유산기에 대한 연구」와 「20세기 무등산 유산기 연구」를 진행하였다. 전자는 무등산의 형상화 모습을 살펴보았고, 후자에서는 작품구성과 서술양식에 따른 무등산의 문학적 형상화 모습을 검토하였다. 최근에는 『무등산 유산기』를 통해 문집 등에 흩어져 있던 무등산 유산기를 정리한 바 있다.[15)]

정민은 「한문학 유산 속에 기려진 무등산의 표상」에서 무등산을 대인군자의 늠름한 기상과 식명의 영혼이 깃든 성소로 묘사했고, 민간신앙의 터전에 대한 표상이 깃들어 있다고 하였다.[16)]

나경수는 「무등산 전설의 연구」를 통해 김덕령 관련 설화를 분석하였다. 김덕령 설화를 어머니의 '자궁'과 같은 표상으로 심층적인

15) 김대현, 「무등산 유산기에 대한 연구」, 『남경 박준규 박사 정년기념논총』, 정년기념논총간행위원회, 1998.
———, 「20세기 무등산 유산기 연구」, 『한국언어문학』 제46집, 한국언어문학회, 2001.

16) 정민, 「漢文學 遺産 속에 기려진 無等産의 表象 : 山水遊記를 中心으로」, 『韓國漢文學硏究』 제21집, 한국한문학회, 1998.

표현으로 해석하며, 무등산을 모성 중심의 문화원형 이미지로 이해하였다.[17]

박명희는 「조선조 문인의 무등산 유람과 시적 형상화」에서 조선조 문인들이 무등산 유람을 통해 남긴 시문을 검토하였다. 형상화의 대상과 특징을 통해 각 공간별, 자연경물을 분석하였다.[18]

임준성은 「무등산 사찰 제영시 연구」에서 현존하는 규봉암, 증심사, 원효사 시문을 통해 무등산의 불교적 이미지가 어떻게 형성되었는가를 검토하였다.[19]

김순영은 「무등산 유산기 연구」에서 19편의 유산기를 분석하면서 산수 인식을 통하여 작가의 사상 및 세계관을 서술하였다.[20]

또한 전남지역의 고전문학 연구자들이 중심이 되어 무등산이 길러낸 문학자원을 중심으로 『무등산과 고전문학』을 출판하였다.[21]

3. 연구 내용 및 방법

이 연구는 무등산 스토리자원을 정리하고 원형분석을 통해 현대적 활용방안을 마련하는 내용이 중심을 이룬다. 이를 통해 스토리자

17) 나경수, 「무등산 전설의 연구」, 『韓國民俗學』 제41집, 한국민속학회, 2005.
18) 박명희, 「조선조 문인의 무등산 유람과 시적 형상화」, 『동방한문학』 제46집, 동방한문학회, 2011.
19) 임준성, 「무등산 사찰제영시 연구」, 『韓民族語文學』 제62집, 한민족어문학회, 2012.
20) 김순영, 「무등산 유산기 연구」, 전남대 석사학위논문, 2013.
21) 박준규 외, 『무등산과 고전문학』, 국학자료원, 2018.

원의 내재적 가치를 살펴보고 스토리텔링으로 활용하는 방안을 제시하고자 한다.

Ⅱ장은 무등산 스토리자원을 구비자료, 기록자료, 스토리 성격을 중심으로 살펴보고자 한다. 또한 삼간(三間)을 요소로 하는 유형에 대한 분류체계를 마련하고 지리적 · 역사적 · 사회적 유형으로 구분하여 살펴보도록 하겠다.

Ⅲ장에서는 전통적인 담론과 문화원형 이미지를 통해 무등산 스토리자원을 분석하고자 한다. 또한 공동체적 가치성, 종교적 다양성, 역사적 전통을 지닌 스토리자원의 현재적 의미를 살펴보고 이를 바탕으로 세방화(世方化 Glocalization)시대에 걸맞은 지역문화 활성화 방안과 문화콘텐츠로의 전환 및 개발 방향 등을 제시하고자 한다.

Ⅳ장에서는 무등산 스토리자원이 테마공원, 문화교육, 문화산업, 관광적인 목적을 달성하기 위해 스토리텔링 할 수 있는 단계별 과정을 정리하고 스토리자원을 활용한 문화콘텐츠 개발 방안에 대해서도 함께 살펴볼 것이다.

Ⅴ장에서는 무등산 스토리자원의 지속가능성과 기반조성에 대한 전략적 제언을 서술함으로써 무등산 스토리자원이 효율적으로 활용될 수 있도록 하였다.

〈표 1〉 책자 구성

Ⅱ. 무등산 스토리자원의 유형 분류	• 스토리자원의 현황과 유형
Ⅲ. 무등산 스토리 자원의 이미지와 활용 가치	• 스토리자원의 문화원형 이미지 • 스토리자원의 가치와 개발 필요성 • 문화콘텐츠 전환 가능성
Ⅳ. 스토리텔링을 통한 문화콘텐츠 개발 방안	• 문화콘텐츠 개발 방안
Ⅴ. 무등산 스토리자원에 대한 전략적 제언	• 지속가능성을 위한 조건 • 기반 조성

본 연구에서는 무등산 스토리자원을 전설이나 민담 등 설화자원 중심의 구비자료, 역사적 사료와 신문기사 및 문집 등의 문학작품을 중심으로 한 '기록자료'로 나누어 서술하였다.

구비자료 중에서 전설(傳說)은 어떤 장소, 사물, 지명 등의 유래와 기원을 서사적으로 풀이한 것이다. 전설은 토테미즘에 기초한 원시적 무속신앙의 신성성이 내재되어 있다. 구전으로 전승되는 전설은 문화콘텐츠의 스토리텔링에 널리 활용되고 있다.[22] 민담(民譚)은 이야기의 소재가 사람이 중심이 되는 경우가 많지만, 간혹 동물을 인간

22) 한교경, 『문화원형의 스토리텔링 전략과 분석』, 북코리아, 2013, 155~156쪽.

화시킨 우화도 소재거리가 된다. 권선징악(勸善懲惡), 선행입복(善行入福), 남녀상열지사(男女相悅之詞), 각주구검(刻舟求劍) 등 인간의 원초적 욕망과 도덕적 가치를 강조하는 주제가 많다. 신화가 영웅적 서사라면 민담은 평범한 사람의 이야기로 서사의 구조도 영웅적 서사에 비해 현실적이며, 흥미적인 요소가 내재되어 있어 활용에 대한 스토리 소재로도 유용한 자원이 될 것으로 사료된다. .

기록자료는 실재 인물이나 사건 등을 기록한 사료(史料)와 제문(祭文) · 문집 등의 문학(文學) 등에 전해진다. 기록자료의 스토리텔링은 인물과 사건이 중심이 되며, 시대적 상황과 문화양상을 서사적으로 재현한다. 주로 시대극 혹은 역사극의 장르로 소설 · 영화 · 드라마 · 공연 · 게임 등 다양한 문화산업 분야에서 활용되고 있다.

〈표 2〉 무등산 스토리자원의 연구 범위

분류	구분
구비자료 기반의 스토리자원	설화(신화 · 전설 · 민담)
기록자료 기반의 스토리자원	사료, 신문기사, 문집

본 연구에서 '구비자료를 기반으로 하는 스토리자원'은 무등산의 설화를 정리하여 간행된 단행본과 함께 한국구비문학대계(http://gubi.aks.ac.kr/web)에 올라 있는 내용과 더불어 화순군 이서면 영평마을 · 도원마을 · 산사마을의 현장조사를 통해 수집된 구비자료

등을 대상으로 하였다. '기록자료를 기반으로 하는 스토리자원'은 사서 및 문집, 신문기사 등에 기록된 스토리자원 외에 한국학중앙연구원의 역사정보통합시스템(http://yoksa.aks.ac.kr), 한국가사문학관(http://wwww.gasa.go.kr), 한국고전종합DB(http:db.itkc.or.kr) 등의 온라인 시스템에 기록되어 있는 관련 자료를 정리하였다.

II

무등산 스토리자원의 유형 분류

Ⅱ. 무등산 스토리자원의 유형 분류

1. 무등산 스토리자원의 현황

무등산의 스토리자원은 구비자료와 기록자료로 구분할 수 있다. 무등산을 배경으로 구비(口碑) 전승되는 이야기를 기록한 발간자료가 총 15권이 있으며, 특정 사건이나 인물의 행적, 생활상 등을 살펴볼 수 있는 기록자료는 역사서 5권과 문집 9권이 전해진다. 이를 구체적으로 살펴보면 다음과 같다.

구비자료를 대표하는 '설화'의 경우 1980년부터 2015년까지 발간된 단행본 및 조사보고서, 현장에서 채록된 구술 자료 등이 본 연구의 주요 대상이다.

『무등산 : 문화유적조사』는 구비자료를 고고분야 · 역사분야 · 미술사분야 · 고건축분야 · 민속분야 · 천연기념물로 구분하여 조사하였고, 그 중 민속자료는 총 17개로 정리하였다.

『광주의 전설』에서는 광주시가 1986년 직할시로 승격될 당시 광산군과 송정시가 광주로 편입됨에 따라 광주의 전설을 체계적으로 정리할 필요성에 의해 조사되었다. 문헌과 현장조사를 통해 지역의 전설을 총망라하여 한 자리에 모았다는데 의의가 있으며, 무등산과 관련된 설화는 총 37편이 정리되어 있다.

『광주호 주변 무등산권 문화유산 기초 조사 보고서』는 현지답사와 자료 수집의 기초 조사를 하였고, 전문가에 의한 심층 분석을 통해 정리하였다. 이 보고서의 조사 지역은 광주 충효동, 담양 남면, 고서면, 창평면, 화순 이서면이다. 각 마을의 개황, 유래와 지명, 인물과 교육 · 종교와 문헌, 문화유적, 민속 등을 정리하였다. 47개의 설화 자원 중 무등산을 배경으로 하는 관련 자료는 12개이다.

『광주의 설화』는 광주시립민속박물관이 문헌자료조사 · 현지방문조사 · 추가보충조사를 통해 일반 설화 110개, 동물 설화 16개, 소화(笑話) 18개로 구분하여 조사하였다. 이 중 무등산과 관련 있는 설화는 총 9개가 정리되어 있다.

『광주광역시 구전설화』는 광주시를 5개 행정 자치구로 나누어 설화 215편을 조사하였고, 그 중 무등산 관련된 설화는 21편이 수록되어 있다.

『전설로 되살아난 민중의 영웅 김덕령』은 호남뿐만 아니라 영남 등에 전승되고 있는 김덕령 관련 설화를 정리하였다. 호남 18편, 영남 15편 중 무등산과 관련된 김덕령 설화는 17편이 해당된다.

『광주의 얼』은 역사와 문화자원, 세시풍속과 전설, 자연 자원 등을 실고 있다. 총 9편의 자료 중 무등산과 관련된 7편의 설화가 수록되었다.

『무등산 옛길 위의 광주』는 무등산의 옛길을 복원하는데 필요한 역사 및 설화자원을 스토리텔링하려는 목적으로 발간되었으며, 설화와 사료를 정리하여 수록하였다. 총 17편의 무등산 관련 설화가 실려 있다.

『성안마을 사람들의 삶과 앎』은 무등산 인근에 위치한 전통 마을의 문화를 정리하였다. 여기에는 지명 · 인물 · 생활과 생업 · 민간요법 · 생애로 나누어 조사하였고, 총 85편 구전설화 중에서 무등산과 관련하여 30편이 기록되어 있다.

『화순의 전설』은 화순군에 전해오는 설화를 기록한 자료이며, 총 63편 중 무등산과 관련하여 6편이 수록되었다.

박선홍의 『무등산』은 역사 · 문화 · 자연물 등을 기록한 개괄적 자료로, 무등산과 관련된 4편의 설화가 수록되어 있다.

『한국구비문학대계』 5-2권(2006)은 '김덕령의 죽음', 6-2권(1981)은 '왕씨가 전씨가 된 이야기' 및 '김덕령과 유성룡' 6-3권(1984)은 '사위 김덕령'이 실려 있다. 구비문학대계 온라인 사이트(http://gubi.aks.ac.kr)에도 3편의 무등산 관련 설화가 올라 있으며, 현장조사를 통해 담양군 남면과 화순 이서면의 구비자료 7편을 수집하였다.

이들 구비자료는 무등산과 관련된 지명이나 사물, 인명을 대상으로 유래나 해원, 영웅담 등을 주요 내용으로 전개하는 것이 특징이다.

〈표 3〉 무등산 구비자료의 스토리자원 현황

연번	저자 (출판사)	책자명	스토리자원	발행 년도
1	지춘상 외 (한국학 중앙연구원)	한국구비 문학대계	왕씨가 전씨가 된 이야기, 김덕령과 유성룡, 김덕령의 죽음, 김덕령과 장모, 무등산 명당에 묘를 쓰고 낳은 김덕령, 무등산 정기를 타고난 김덕령, 응답 없는 무등산을 폄하한 이성계	1981 2009 2010 2011
2	강동원 (광일문화사)	화순의 전설	벼락바위, 적벽강, 무등산의 규봉암, 쌍봉사의 전설, 용소, 치마바위	1982
3	광주시 (호남문화사)	광주의 얼	개미허리가 잘룩하게 된 내력, 은혜 갚기 위한 증심사, 천하 대장군의 유래, 경양못의 유래, 태무덤의 내력, 효자 느티나무, 무등산과 원광법사	1982
4	향토문화 개발협의회 (광주광역시)	무등산 : 문화유적 조사	지렁이의 아들 견훤, 증심사, 무등산, 서오층석탑, 무등산과 원광법사, 태무덤, 경양지, 개미허리가 잘룩하게 된 내력, 옥탑 석심지기, 효자 느티나무, 금다리, 금산과 금산성, 호랭이바우, 이치장군대, 김덕령에 얽힌 전설	1988
5	고산연구회 (광주직할시)	광주의 전설	증심사 내력, 두꺼비의 보은, 지공너덜, 개미의 보은과 경양방죽, 용연기우제, 아들바우, 덜걱바우, 쇠몰바우굴, 상사바우, 이무기소, 무등산과 원광법사, 무등산의 명칭, 태봉, 태봉과 여의주, 태무덤, 잣고개, 이치장군대, 호랭이바우, 금산과 금산성, 김덕령의	1990

5	고산연구회 (광주직할시)	광주의 전설	태몽, 김덕령의 어머니, 김덕령의 의리, 환벽당의 참새잡기, 김덕령의 용기, 김덕령의 지혜, 호랑이 잡은 김덕령, 김덕령 오누이 경주, 김덕령 오누이 씨름시합, 씨름판의 김덕령, 만고충신 김덕령, 명당의 정기로 태어난 김덕령, 문바위, 주검동, 치마바위, 뜀바위, 김덕령 장군과 불한당, 배재 달걀전설,	1990
6	광주광역시 북구 문화정보실 (광주광역시 북구 문화정보실)	광주호 주변 무등산권 문화유산 기초조사 보고서	금다리 전설, 금산과 금산성, 배재의 장군대 전설, 환벽당 용소전설, 지실마을의 전설, 시루바위 전설, 무등산과 이성계, 용소 설화, 김덕령과 애마, 김덕령 발자국, 김덕령과 뜀바위, 장군대좌혈국과 일제 쇠말뚝	2000
7	광주시립 민속박물관 (광주직할시)	광주의 설화	자치샘 전설, 말바우 전설, 김덕령과 누이의 재주겨루기, 은혜 갚은 호랑이, 비둘기의 보은, 구렁이의 복수, 앙갚음한 뱀, 노루의 새끼사랑, 머슴에게 휘둘린 상전	2000
8	광주시 북구 (광주시 북구)	전설로 되살아난 민중의 영웅 김덕령	이치장군대 달걀전설, 태몽이야기, 뱃속에서 호랑이를 물리치다, 불의 어린시절, 환벽당 참새잡기, 맨손으로 호랑이를 잡은 김덕령, 내를 건너다, 오누이와 씨름시합, 씨름판의 김덕령, 용력의 김덕령, 호랑이와 싸운 김덕령, 문바위, 주검동, 치마바위, 뜀바위, 불한당을 가르친 김덕령	2003

9	전국문화원연합회 광주광역시지회 (광주광역시)	광주광역시 구전설화	김덕령과 용마, 옥녀봉과 김덕령 장군의 사랑, 배재의 명당, 태봉산의 유래, 호랑이바우, 금산과 금산성, 태봉산의 전설, 잣고개와 무진고성, 김덕령의 태봉과 어머니, 무등산, 상사바우, 저승굴, 구렁이와 나눈 우애, 증심사가 세워진 배경, 경양방죽에 얽힌 설화, 사람 살린 두꺼비, 용연마을 유래, 약수폭포, 용소의 유래, 쇠몰이의 방향, 당산나무, 지공너덜경, 배고픈다리의 유래담	2005
10	나경수 외 (심미안)	성안 마을 사람들의 삶과 앎	치마바우에서 백일기도, 무등산 정기로 태어난 김덕령, 이치장군대 달걀전설, 암탉이 먼저 울다, 김덕령과 누님의 경주, 김덕령과 누나의 내기, 씨름판 이야기, 암탉이 먼저 울다, 익호장군 김덕령, 환벽당에서 참새 잡은 이야기, 김덕령과 유성룡, 의병출전, 김덕령 장군 죄명, 말바우시장, 김덕령 말과 경양방죽, 김덕령과 용마, 말뫼똥, 어깨 밑에 비늘 3개를 떼 내자 죽은 김덕령, 김덕령장군 비, 저립대로 3대 맞고 죽은 김덕령, 지략이 뛰어난 김덕령, 호랭이 수갑, 장수 물이 나오는 우물, 주검동, 진주에 있는 목책성, 정조대왕이 내린 마을 이름 충효리, 김윤제가 정철을 외손사우 삼은 이야기, 조대바우 (용소)와 정철, 구신바우, 금산	2007

11	박선홍 (다지리)	무등산 : 무등산의 유래와 전설 경관	충장공에 얽힌 전설, 산신 무등산, 무등산 유래, 너릿재와 주막	2008
12	김덕진 (한국문화원연합회 광주광역시 지부)	무등산 옛길위의 광주	잣고개, 장원봉, 무진고성, 김삿갓과 청풍심터, 배재, 충장사, 원효봉 너덜, 어사바위, 무등산장, 의상봉, 원효사, 제철유적지, 주검동, 치마바위, 삼밭실, 서석대	2011
13	현장조사1	담양군 남면	배재의 벼락바우, 무등산 연천리 약물, 용추폭포에서 물맞음	2013
14	현장조사2	화순군 이서면	장불재, 배고픈 다리 명칭 유래, 시무지기 폭포, 화전놀이	2014

다음은 기록자료 기반의 스토리자원 중 문헌사료, 문집 및 신문기사 등에 실린 내용 중 스토리텔링 할 수 있는 자원을 대상으로 현황을 파악하였다.

기록자료의 스토리자원을 선택한 문화콘텐츠의 경우 대중에게 재미와 흥미를 끌 수 있는 동인(動因)을 찾는 것이 중요한 요소이다. 기록자료가 문화콘텐츠로 활용되는 경우에는 주로 인물과 사건의 시대적 생활상을 서사적으로 재현하는 것이다.[23] 주로 기록자료는 시대극 또는 역사극의 장르로 소설, 영화, 드라마, 공연, 게임 등 다양한 문화산업 분야에서 활용되고 있다. 기록자료를 기반으로 하여 스토리를 활용하는 문화콘텐츠 장르의 소재 활용성은 역사적인 인

23) 한교경, 『문화원형의 스토리텔링 전략과 분석』, 북코리아, 2013, 257쪽.

물이나 사건의 의미 해석을 통한 시대상을 재현, 현재의 역사적 연관성을 토대로 과거의 인물과 사건이 어떻게 현실과 관계를 맺는가에 관한 내용이 중심을 이룬다.[24] 기록자료를 활용한 문화콘텐츠, 소설, 영화, 게임, 드라마 등은 역사적 인물이나 실존 사건 기록, 특정 시대의 생활상이 반영된 인물이나 사건 등이 주로 활용된다. 이에 따라 기록자료에 기반을 둔 스토리자원은 무등산이 배경이 된 사건과 인물, 그리고 시대 생활상을 알 수 있는 내용으로 그 범위를 한정하여 전개하였다.

역사기록은 먼저 고려시대 몽고인 차라대가 무등산 일대를 침략한 내용이 『고려사절요(高麗史節要)』, 『고려사(高麗史)』, 『동사강목(東史綱目)』 등에 남아있다. 고려 말의 기록에는 왜구 관련 내용이 전해진다. 일본이 혼란기였고, 고려의 중앙 통치 권력이 지방에 제대로 미치지 못하여 왜적이 창궐하게 되었다. 지리산에 쫓겨 도망친 왜구가 무등산의 규봉사에 숨어 목책을 쌓고 저항하였으나, 전라도 도순문사 이을진이 이끄는 결사대에 의해 격퇴 당한 사실이 『동사강목』과 『고려사』 등에 전해진다. 이러한 기록을 통해 무등산 지역이 왜구의 피해가 극심했음을 알 수 있다. 조선시대에 들어와서는 현재의 시내(市內)로 광주의 중심이 옮겨지면서 무등산은 외진 지역이 되어 '도적의 소굴'로 변모한다.[25] 1469년 의정부사인 성숙과 그 아우 성준 · 성건 이 무등산의 도적과 관련하여 상소한 기록, 전라도 절도사 허종이 도둑들의 이동상황과 대비책을 보고한 내용이 『조선왕조

24) 한교경, 위의 책, 2013, 258쪽.

25) 향토문화개발협의회, 『무등산 : 문화유적조사』, 광주직할시, 1988, 51쪽.

실록(朝鮮王朝實錄)』에 전해진다. 일제강점기 항일 열사의 투쟁 기록이 전남경찰부가 간행한 『전남 폭도사』에 서술되어 있는데, 광주시가 『무등산 옛길 스토리텔링』을 편찬하면서 관련 사실이 인용 되었다. 1970년대 무등산 무허가 건물 강제철거 사건인 '무등산 타잔'을 다룬 내용도 경향신문(1977. 4. 2.)에 실려 있다. 은둔거사 은원충, 무등산에 숨어 화를 면한 이발의 자손, 향화승 신옥, 정약용과 김삿갓 등을 다룬 기록은 『고려사』·『고려사절요』·『조선왕조실록』·『다산시문집』·『경세유표』에 전해지고 있다. 한편 산 숭배 및 스승 공경, 산에 대한 유람 및 풍속 등의 생활상을 알 수 있는 기록자료는 『고려사』·『조선왕조실록』·『서하집』·『해봉집』 등에 전해진다.

이상의 기록자료에 나타나는 무등산과 관련된 기록의 특징은 외부로부터의 침략이나 도적의 횡포를 중심으로 사건의 발생이나 은둔과 도피, 신앙적 행위, 당대 생활상 등의 내용이 기술되고 있다.

〈표 4〉 무등산 기록자료의 스토리자원 현황

분류	스토리자원	저자	기록자료	년대
역사 기록	무등산가(無等山歌)	사관	『고려사』	백제
	무등산 처사 은원충 부르다	사관	『고려사』	1103년
	은원충을 부르다	김종서 외	『고려사절요』	1103년
	차라대가 무등산에 진을 치다	사관	『고려사』	1256년
	차라대가 무등산에서 노략질하다	김종서 외	『고려사절요』	1256년

역사 기록	차라대가 무등산에서 노략질하다	안정복	『동사강목』	1256년
	무등산신이 역적을 토벌하다	사관	『고려사』	1262년
	삼별초를 토벌할 때 음조한 무등산신	사관	『고려사』	1273년
	무등산신사	이행, 홍언필	『신증동국여지승람』	1281년
	무등산 규봉사로 도망친 왜적을 이을진이 섬멸하다	사관	『고려사』	1381년
	이을진이 무등산서 왜적을 섬멸하다	안정복	『동사강목』	1381년
	전국의 명산 · 대천 · 성황 · 해도의 신에게 봉작을 내리다	사관	『조선왕조실록』	1393년
	예조에서 전국의 영험한 곳에서 제사 드리는 것을 국가에서 행하는 치제의 예에 따를 것을 건의하다	사관	『조선왕조실록』	1429년
	전라도 영암 월출산에 사는 도둑을 선전관들을 보내어 잡도록 하다	사관	『조선왕조실록』	1469년
	왜인의 향화승 신옥에게 도첩을 주어 서울 근처의 절에서 살도록 허락하다	사관	『조선왕조실록』	1471년
	다산 정약용 연보	정약용	『경세유표』	1817년
	항일 열사의 은신처	김덕진	『무등산 옛길 스토리텔링』	1908년 ~1909년

고수필	유서석산기, 유서석록, 유서석산기, 유서석산기, 유무등산기, 서석록, 서석속록, 서석산기, 서석록, 신묘유서석록, 서석유람기, 등서석산기,서석록, 유서석산기, 유서석기, 서석기, 서석산기, 서석산기, 심춘순례, 무등산기행	정지유,고경명,정약용,양진영,조봉묵,나도규,송병선,홍삼우당,김운덕,조종덕,이정회,양재경,고재붕,김태석,양회갑,김호영, 최남선, 이은상	『국역 무등산 유산기』	15세기 ~20세기 (1945년)
	성산계류탁열도, 제현명록	김성원	『서하당유고』	1590년
	무등산 기우제 제문	홍명원	『해봉집』	1716년
	무등산 기우제문	이민서	『서하집』	1761년
	서석산에 노닐은 기	정약용	『다산시문집』	1778년
	동남소사에 발함	정약용	『다산시문집』	1823년
신문기사	무등산 타잔		『경향신문』	1977년

본 책자에서는 기존의 개념에서 벗어나 '스토리'[26)]를 보다 확장된 스토리의 의미로 규정하여 보려 한다. 스토리를 '줄거리'가 있는 것을 포함하여 소위 '스토리 성격'[27)]을 가지고 있는 개념으로 확장하

26) '어떤 사물이나 사실, 현상에 대하여 일정한 줄거리를 가지고 하는 말이나 글이라고 개념 지을 수 있으며 언제, 어디서나 존재하고 있기 때문에 매우 광범위하고, 다양하다. '스토리'라는 단어가 '처음-중간-끝'의 구조를 갖춘 말 또는 글의 덩어리, 즉 줄거리를 갖고 있다고 할 때 스토리의 범위를 알 수 있다.

27) 예를 들어 신문기사와 사건기록은 기본적으로 스토리 성격이 담긴 지배적인 양식으로 볼 수는 없겠지만, 거기에는 어떤 사건의 줄거리는 있을 수 있다. 이런 줄거리를 인식할 수 있는 스토리를 '스토리성격'이라 할 수 있다.

여 규정하면 범위를 보다 넓게 구체화 할 수 있는 장점이 있다.[28] 마찬가지로 무등산의 자원 중 불교문화 자원, 자연생태 자원, 생활특산 자원은 구조를 지닌 말이나 글은 아니지만, 자원별로 스토리의 줄거리를 간접적으로 유추할 수 있는 특성을 지녔으므로 '스토리 성격'의 자원으로 넓게 개념화하여 현황을 파악하고자 한다.

먼저 무등산 주변에는 많은 불교 유적들이 남아 있다. 현존하는 불교문화 자원은 사원(寺院), 불상, 석탑 및 부도로 나눌 수 있는데 현재 존재하고 있는 사원은 증심사, 약사암, 원효사, 규봉암, 석불암, 만연사, 문빈정사 등이 있으며, 불상은 증심사의 철조비로자나불, 약사암의 석조여래좌상, 원효사의 석조지장보살입상, 석불암의 마애불좌상이 있다. 석탑(石塔)으로는 증심사의 3층석탑, 국보가 나와 관심을 받은 오층석탑이 있으며, 부도는 증심사의 수월당부도, 월암당부도가 있고 만연사의 용암당부도, 맥암당부도, 향련당부도, 율암당부도가 있고 원효사의 동부도 등의 유물이 있다.

예로부터 무등산에 팔람구암자(八藍九庵子)가 있었다고 구전되고 있다.[29] 오랜 국란과 전란을 겪은 후 사라지고 없는 폐사지 흔적들이 곳곳에 보이며 현재 유물로만 남아 있는 '서봉사지 삼층석탑'과 '석종형부도', '백천사지 오층석탑', '개선사지 석등'이 있다. 『광주읍지』, 『유산기』 등에는 무등산과 주변에 상당히 많은 사찰이 남아 있

28) 최시한, 『소설 어떻게 읽을 것인가』, 문학과지성사, 2010, 29쪽.
29) 박선홍, 『無等山 : 무등산의 유래와 전설 경관』 7판, 다지리, 2008, 330쪽.

었던 것으로 기록되어 있다. 기록에는 증각사,[30] 안양사,[31] 안심사,[32] 동화사,[33] 봉황대사, 양두사, 입석암, 사합사, 염불암, 상원암, 금탑사, 석문사, 금석암, 대자사, 문수암, 도솔사, 향등사, 동림사 등이 폐사지로 남아 있다.[34]

무등산을 떠받치는 산줄기는 호남정맥(湖南正脈)이다.[35] 무등산은 호남정맥의 주봉으로 이곳에서 전남 각지의 산과 백두대간의 지리산과의 연속성을 이어주는 매개 역할을 하고 있는 주산이다. 무등산은 산정에는 화산활동에 의한 암석이 많아 토양을 충분히 생성하지 못했지만 그 곳을 제외한 산지는 오래된 화강암류가 심층 풍화되어

---

30) 중머리재 올라가는 길에 있었으며, 유서석록에 증심사에서 중봉을 향해 오르면서 이곳을 거쳐 간 사실을 알 수 있으며 1799년경 폐사된 걸로 보인다.(문안식, 「무등산 문화재유적」, 『2013 무등산국립공원 자연자원조사』, 국립공원관리공단 국립공원연구원, 2014, 512쪽)

31) 원효사 건너편 봉의석굴에 있었다고 하며, 옛날에 이곳에서 윤필(尹弼)이라는 거사가 수도했다고 하여 '윤필굴'이라고도 하고 1989년 조사 시 연화문 수막새 조각들이 발견되었다(문안식, 위의 책, 2014, 510쪽).

32) 화순군 이서면 안심리 뒤편 골짜기에 있었으며, 이곳에서 12명의 화가가 그려 송광사로 옮겨 간 국보 제314호 화엄경 변상도와 옥추경, 제진언집 등의 경전이 이곳에서 발간되었다.

33) 토끼봉 바로 아래에 자리한 폐사지로 너덜경이 자연석재를 이용하여 돌계단을 마련하고 뒷벽에는 돌담장을 둘렀다(문안식, 위의 책, 2014, 511쪽).

34) 박선홍, 위의 책, 2008, 414~418쪽 참조.

35) 호남정맥은 백두대간의 덕유산과 지리산 사이의 능선 중간에 위치한 영취산에서 분지하여 광양 백운산에 이르는 도상거리 462km인 호남의 중심 산줄기이다. 무등산은 호남의 주산(主山)이기도 하고 광주의 진산(鎭山)이라 할 수 있다. 무등산은 해발고도 1187m의 높이로 전남지역의 상중앙부에 위치하고 있어 멀리 호남 전체를 아우를 만한 위치와 고도를 가지고 있다. 그래서 무등산에서 날이 좋으면 지리산, 금성산, 월출산, 백운산, 천관산 등을 볼 수가 있다.

있기 때문에 경사가 완만하고 그 영역이 넓은 만큼 여러 식물이 고루 분포하고 있다. 이러한 기반과 맑은 물이 흐르는 골이 만나 자연스레 수목(樹木)의 발달을 가져와 안정된 생태계와 녹색지대 효과가 크게 나타난다. 무등산은 그 영역이 넓은 만큼 다양한 자연생태 자원을 갖고 있다.

무등산의 자랑은 정상을 중심으로 곳곳에 펼쳐진 웅장한 암석미를 들 수 있다. 특히 규봉(圭峰), 입석(立石), 서석(瑞石)의 '주상절리(柱狀節理)'가 있다. 무등산 주상절리는 국내 최대로 손에 꼽을 정도로 웅장하고 아름다워 사람들이 많이 찾는 곳이다.

또한 무등산의 동 · 식물자원을 살펴보면 다음과 같다. 옛날에 호랑이와 곰이 살았다고 전해지는 무등산은 일제강점기 말기 무렵 이후에는 산림 자원의 남벌, 근래에 와서는 수많은 등산객의 탐방으로 인한 소음과 대기오염 물질 확산 등의 몸살을 앓아 생태계가 훼손되어 왔다. 2011년도 동물 · 식물 조사에 의하면, 멧돼지, 고라니, 너구리, 족제비, 멧토끼, 오소리 수달, 삵 등이 발견되었다.[36] 한때 산림의 황폐로 자취를 감추었던 산새도 다시 날아들고 있다. 환경부 지정 멸종위기 야생 동 · 식물 2급인 희목물떼새, 참매, 말똥가리, 독수리 등이 관찰되었다. 무등산에서 자라는 희귀식물로는 뻐꾹나리, 은방울꽃, 잠자리난초, 병아리 난초, 제비난, 천마, 복초, 백작약, 털조장나무, 끈끈이주걱, 난쟁이바위솔, 통발, 도라지모싯대, 숫잔대, 메꽃, 정

36) 광주광역시, 『무등산공원계획 타당성검토, 자연자원조사 및 보전 관리계획(안)』, 광주광역시, 2011, 23쪽.

영엉경퀴, 산오이풀 등이 분포하고 있다.[37] 무등산의 대표 특산 자원은 '춘설차'와 '무등산 수박'을 들 수 있다. 무등산의 차(茶)는 구례의 화엄사 · 장흥의 보림사 · 보성의 대원사 · 나주의 불회사 · 화순의 쌍봉사 주변 등에서 재배된 차와 더불어 향기와 맛이 좋기로 이름나 있다. 춘설이라는 이름은 중국의 나대경(羅大經)이 지은 '다시(茶詩)'에서 따온 것이다. 무등산 수박은 일명 '푸랭이 수박'이라고 불리는데 크기나 청량한 맛으로 수박 가운데 최고의 수박이라고 한다.[38] 여름 과일의 기세가 한풀 꺾일 무렵인 8월 중순쯤 옛 전통방식으로 생산되는 재래종 수박으로 언제부터 재배했는지 알 수 없으나 대한제국 시기 무렵에는 진상품이었다고 전해진다.[39]

〈표 5〉 무등산 스토리 성격의 자원 현황

분류	구분	스토리자원
불교 문화 자원	사찰	증심사, 약사암, 원효사, 규봉암, 석불암, 만연사, 문빈정사
	문화자원 (불상, 석탑, 부도)	철조비로자나불, 석조여래좌상, 석조지장보살입상, 삼층석탑, 오층석탑, 수월당부도, 월암당부도, 용암당부도, 맥암당부도, 향련당 부도, 율암당부도, 동부도, 백천사지 오층석탑, 서봉사지 석종형부도, 삼층석탑, 개선사지 석등

37) 광주광역시, 앞의 책, 2011, 19~27쪽 참조.

38) 극단 신명에서는 2012년 무등산 수박인 '푸랭이'를 소재로 진짜 푸랭이가 가짜를 물리치고 오염(汚染)된 무등산의 생태(生態)를 구해낸다는 내용의 어린이 마당극 '푸랭이전'을 제작하여 공연하였다.

39) 박선홍, 앞의 책, 2008, 144쪽.

	주상절리대	입석대, 서석대, 규봉
자연 생태 자원	동 · 식물	멧돼지, 고라니, 너구리, 족제비, 멧토끼, 오소리, 수달, 삵, 희목물떼새, 참매, 말똥가리, 독수리, 뻐꾹나리, 은방울꽃, 잠자리난초, 병아리난초, 제비난, 천마, 복초, 백작약, 털조장나무, 끈끈이주걱, 난쟁이바위솔, 통발, 도라지모싯대, 숫잔대, 메꽃, 정영엉겅퀴, 산오이풀
생활특산 자원	특산물	춘설차, 무등산 수박

이상과 같이 무등산 스토리자원을 구비자료 및 기록자료, 스토리 성격의 자원으로 구분하여 현황을 살펴보았다. 이를 통해 본 무등산은 지리, 역사, 문화 등의 다양한 분야의 스토리를 품고 있다.

본 책자에서는 연구의 효율성을 담보하고, 효과적인 개발 방안을 도출하기 위해 구비자료와 기록자료의 '언어적 자원'을 중심으로 그 내용을 전개하고자 한다. 또한 제시된 구비자료는 중복되거나, 소재와 줄거리가 비슷하게 전개되는 경우가 많기 때문에 대표적인 자원을 선택하고, 기록자료와 함께 성격에 맞는 분류체계를 구성하여 그 유형을 구분하고자 한다.

2. 무등산 스토리자원의 유형 분류 준거

한국 문화의 참모습을 이해하기 위해서는 과거부터 현대까지 다양한 모습으로 변용되는 가운데 일정하게 지속되는 역사적 연속성

(시간 차원), 다른 지역의 문화와 구별되는 지리적인 개성(공간 차원), 특정 분야나 장르를 넘어 다양한 문화적 영역에서 공통적으로 확인되는 사회적 공통성(인간 차원)을 고려해야 한다. 이 세 가지 요소는 각각 공간(空間), 시간(時間), 인간(人間)의 삼간(三間)이 종횡으로 엮이면서 습득 · 모방 · 변용되는 문화적 성질이라는 점에서 '문화 유전자'라고 부를 수 있다. 요컨대, 문화유전자는 한 문화권 내에서 역사적 전통과 사회적 공통성 및 문화적 개성을 담고 습득 · 모방 · 변용되는 문화적 성질이라고 정의할 수 있다.[40] 한국의 전통문화자원 속에는 우리만의 문화유전자가 흐르고 있으며, 이런 삼간(三間)의 구조의 체계 속에서 서로 소통하며 유기체적 관계를 지속적으로 유지하고 있다.

이런 삼간문화(三間文化)의 '시간 차원'에서 문화는 마치 낮과 밤이 교차되듯이 다양한 시간 흔적과 공존하며 '역사적 연속성'을 이어왔으며, '공간 차원'에서는 존재를 통해 다양한 '지리적 권역'을 생성하였다. '인간 차원'에서 문화는 서로 흥과 얼이 조화를 이루며 '사회적 관계'를 형성하기도 한다. 한국인은 부정적 현실을 정신적 여유로 넘기는 '해학', 심신에 경건한 긴장을 부여하는 '예의'를 삶 속에서 조화시키며 살아왔다. 또한 활발하게 움직이는 역동성과 인내의 시간을 감내하며 서로의 관계 속에서 '문화적 공통성'을 바탕으로 역사를 지탱한 '기질'을 갖고 있다. 이러한 태도와 기질은 신명나는 몸짓의 흥으로 구현되는 한편 자신을 가다듬고 끈질기게 노력하

40) 박종천, 「문화유전자로 본 한국 문화의 전통과 개성」, 『한국인의 문화유전자』, 아모르문디, 2012, 6쪽.

는 마음의 얼로 나타나며 다양한 스토리로 남아 전승되고 있다.

이와 같이 삼간 문화를 바탕으로 하는 문화 개념을 토대로 무등산 스토리자원의 유형 분류체계와 관련하여 3개의 층위로 구분코자 한다. 〈그림 1〉처럼 무등산 스토리자원은 삼간구조를 바탕으로 지리적 담론, 역사적 담론, 사회적 담론이라는 층위의 유형 분류 체계를 구성할 수 있다.

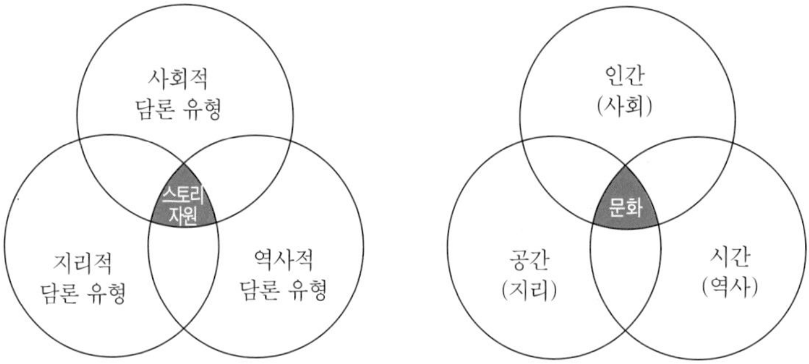

〈그림 1〉 무등산 스토리자원의 유형 분류 체계[41)]

무등산은 광주와 화순, 담양에 걸쳐 있는 해발 고도 1,187m의 산이다. 대체로 흙으로 뒤덮인 토산(土山)으로 가파르지 않아 남녀노소 누구나 쉽게 오를 수 있다. 산기슭에는 사찰이 자리 잡고 있으며, 정상부에 펼쳐진 웅장한 암석들은 빼어난 경관을 자랑한다. 이 가운데 대표적인 것은 규봉(圭峰) · 입석(立石) · 서석(瑞石)의 무등산

41) 나경수, 「3향 문화권 설정을 위한 호남지역 문화표상의 탐색」, 『호남문화연구』 제49집, 2011, 374쪽 참조.

'주상절리'이며, 천왕봉 · 지왕봉 · 인왕봉 · 규봉 · 너덜과 어우러져 있다. 지형적으로 무등산은 강직한 산이면서도 덕스러운 흙산의 형태이다.[42] 이러한 기반은 안정된 생태계와 녹색지대 효과로 나타난다. 무등산이 단지 정형화된 산이 아니라 인간 삶의 터진 역할을 하였기에 사람들에게는 고마운 것을 넘어 친근감을 주는 산으로 인식되어 왔다.

이러한 지리적 특성을 지닌 무등산은 지명과 관련된 '구비자료'와 '기록자료' 형태의 스토리를 가지고 있다. 지명 스토리는 대개 마을이나 강, 산의 유래와 기원 및 설명과 관련이 있다. 무등산에는 다양한 공간적 지명이 있으며, 그 지명을 얻게 된 기원과 배경에 대한 스토리가 전해지고 있다. 이런 공간적 특성은 '지명 획득 유형'과 대상의 모양, 기능 등을 묘사하는 '지형 설명 유형'으로 구분할 수 있다.

무등산의 역사적 특성은 산을 대표하는 인물의 행적을 통해서도 찾아볼 수 있다. 김덕령은 무등산 자락의 충효동 출신으로 왜적의 침입에 항거하여 의병을 일으켜 분투했지만 역모로 몰려 죽게 되는 비운의 장수이다. 스물아홉의 나이에 억울하게 죽음을 맞이한 역사적 사실은 다양한 잠재적 무의식을 투영하여 구비자료의 소재가 되었다. 무등산이 품은 역사적 인물을 영웅으로 묘사하기 위해 신비로운 탄생 설화와 영험한 지위 및 능력이 부여되었으며, 영웅을 해원하고 그의 혼백을 위로하는 계기를 만들게 되었다. 이와 같은 스토리는 '영웅 생애' 유형으로 분류할 수 있다. 한편 예술적 활동, 학문 연구,

42) 화산으로 생성된 암석이 많아 풍화에 강하며, 토양을 충분히 생성하지 못했다. 다만 그 기저가 오래된 화강암류가 심층 풍화되어 있기 때문에 토대가 넓다.

은둔 생활 등 특색 있는 삶을 영위한 사람들의 흔적을 살펴 볼 수 있는 스토리자원은 '인물 활동' 유형으로 분류하였다.

무등산권역에 살았던 사람들은 고유한 '사회적 관계'를 형성하면서 쌓아왔던 '문화적 공통성'을 바탕으로 국가적 혹은 지역적인 사건을 극복하면서 '사회적 특성'을 형성하였다. 이런 인간의 삶에서 발생한 수많은 사건 중 사회적 관계 속에 발생한 주요 맥락을 내용으로 하는 스토리는 '사건 발생' 유형으로 구분할 수 있으며 무등산에서 삶을 영위하던 사람들은 생활풍속이나 변화된 시대적 생활상을 스토리에 담아 전승하였다. 이런 생활상을 반영한 스토리는 '생활상 반영' 유형으로 각각 분류할 수 있다.

한편 무등산은 단순한 자연적 대상물만이 아닌 경외와 숭배의 대상이며, 사건과 시대적 환경에서도 그들을 지켜주던 든든한 신앙의 대상이었다. 무등산을 신앙의 대상으로 숭배하면서 남긴 내용의 스토리는 '종교 지향' 유형으로 분류될 수 있으며 각기 사람들의 관계 속에서 품게 되는 다양한 감정들을 표현하는 즉 고마움에 따른 보은 혹은 섭섭함에 대한 원망을 스토리에 담아 전승하기도 한다. 이런 보은, 원한에 대한 감성적인 정서들을 중심으로 하는 내용의 스토리자원을 '정서적(情緖的) 유형'으로 구분할 수 있다.

또한 지리적 권역을 범주로 하여 '지명 획득'이나 '지형 설명'에 대한 내용을 중심 스토리로 구성하는 '지리적 담론 유형', 역사적인 시간성을 통해 어떤 인물의 억울함을 해원하기 위한 염원에서 탄생시킨 영웅의 '생애'와 특별하게 살았던 사람의 '활동'을 소재로 하는 스토리를 담은 '역사적 담론' 유형으로 분류하였다. '사건'이나 '생활상', '종교적인 심성', '정서'를 내용으로 하는 스토리자원을 '사회적 담론 유형'으로 구분하여 구성하였으며 정리하자면, 〈표 6〉과 같다.

〈표 6〉 무등산 스토리자원의 유형 분류

지리적 담론 유형	지명 획득 유형
	지형 설명 유형
역사적 담론 유형	영웅 생애 유형
	인물 활동 유형
사회적 담론 유형	사건 발생 유형
	생활상 반영 유형
	종교 지향 유형
	정서 중심 유형

3. 무등산 스토리자원의 유형별 분류

가. 지리적 담론 유형

지명 획득이나 지형을 설명하기 위한 스토리자원의 경우 구비자원의 모태가 되어 지역의 '정체성'을 반영하고 있으며 그 이름이 가진 여러 배경과 재미있는 스토리 구조로 인하여 한번 생성되면 변이되거나 혹은 첨삭되면서 오랫동안 다양한 내용으로 전승되어 내려오고 있다.

이런 스토리자원은 한 지역의 생활상을 나타내는 특징이나 지리적 · 역사적 · 민속적 특성과 함께 이어져왔기 때문에 오랜 역사의 흔적들을 그대로 반영하여 생활문화, 관습, 풍수지리 등을 이해하는 자료로 쓰이며, 전설의 경우 지명 유래와 지형 설명에 대한 스토리를 폭넓게 반영하고 있다. 무등산 일대에도 자연물에 대한 아름다움과 신비스러움을 빛나게 하는 다양한 스토리자원들이 다음과 같이 전승되고 있다.

1) 지명 획득 유형

지명획득 유형은 풍수지리, 생산적 기반, 해원, 영험한 대상물 등의 여러 요인에 의해 유래가 생겨났다. 그 내용을 살펴보면 다음과 같다.

먼저 풍수지리를 배경으로 하여 지명유래를 획득하였던 대표적인 사례로 '태무덤의 내력'을 들 수 있다.

> 1624년 이괄(李适)의 난이 일어나자 인조(仁祖)는 공주로 피난하였고 인열왕후(仁烈王后)는 이곳에서 왕자를 낳아 그 태를 계룡산에 묻었다. 그러나 왕자가 자꾸 앓기만 하자 왕후가 불공을 드렸는데, 사흘째 되는 날 계룡산의 백발노승이 찾아와 왕자의 태를 묻은 곳이 사악하여 왕자가 돌을 넘기기 어렵다고 하였다. 그러면서 그는 무등산 아래 도선국사(道詵國師)가 붉은 은행이 열리는 은행나무 한 그루를 심어놓았는데, 이 나무를 베고 왕자의 태를 묻으면 왕자가 백세를 누리고 영특해질 것이라 말하고 사라졌다. 인조는 왕후의 말을 듣고 사람을 보내 그곳에 흙을 모아 작은 산을 만들게 했다. 계룡산의 태를 캐내는 날 노승이 다시 나타나 땅속의 잡귀를 물리치도록 손바닥 크기의 금을 함께 묻으라고 하였는데, 그렇게 하자 왕자가 잘 자랐다고 한다.[43]

43) 광주시, 『내 고장 전통 가꾸기 : 광주의 얼』, 광주시, 1982, 147~150쪽.

그 외에 무등산에서 철(鐵)이 생산된 내용으로 임진왜란 때 김덕령 장군이 무기를 만들었던 장소라 하여 주검동(鑄劍洞)이라는 지명 유래를 획득한 스토리도 있다.

무등산 원효계곡 상류 삼밭실로 올라가는 길 왼쪽에 주검동이 있고 주검동비가 세워져 있다. 김장군이 장차 국난이 있을 것을 예견하고 창과 칼을 쳤다는 유서 깊은 곳이다. 광주읍지 고적에는 '주검동은 무등산 서석 밑 계곡에 있는데 김덕령 장군이 거사할 때 여기서 칼을 치니 뇌성과 같은 소리가 산에 울리고 흰 기운이 하늘에 솟아올라 사람들이 모두 이상하게 여기었다.[44]

다음으로 사람들이 해원(解寃)을 스토리로 부활시켜 지명을 획득하게 된 자원도 확인된다. 무등산 스토리자원 중 자연재앙과 관련된 설화들을 살펴 볼 수 있다. 자연은 사람에게 많은 은혜를 베푸는 좋은 동반자의 가치를 지닌 존재이다. 그러나 겸손하지 못한 사람이 자연의 법칙을 어기면 자연은 어리석은 자에게 재앙을 통해 응징하는 유형에 해당된다.

400여 년 전, 어느 해 초여름 화순(和順) 이서면(二西面) 영평리(永坪里)에 광풍과 더불어 소나기가 내리더니 구름 속에서 백룡(白龍)이 못으로 내려왔다. 비와 구름이 사라진 뒤 마을 사람들이 못에 가보니 용이 헤엄치며 놀고 있었다. 그날부터 용신제(龍神祭)를 드리니 해마다 풍년이 들었다. 그 뒤 어느 날 동복현감(同福縣監)이 비연(飛鳶)이라는 기생을 데리고 무등산 규봉암(圭峰庵)으로 소풍을 가다 이곳에 와

44) 고산연구회, 『광주의 전설』, 광주광역시, 1990, 152~153쪽.

서 놀았는데, 비연이 높은 바위 위에 올라 칼춤을 추다 갑자기 현기증을 일으켜 칼을 쥔 채 못으로 떨어졌다. 그러자 노한 백룡이 소리를 지르며 요동을 쳤고, 갑자기 천둥이 치고 소나기가 내리자 동복현감은 어느 민가 안방으로 숨어버렸다. 뒷날 사람들이 못에 가보니 백룡은 오간데 없고 비연의 시체만 흙탕물에 떠있었다. 그 뒤에도 가뭄이 들어 고을 사람들이 기우제를 지내면 비가 내렸다. 그때부터 그 못을 용이 살다갔던 곳이라 하여 용소(龍沼)라 하였다 한다.[45)]

무등산의 산악적 지질의 특성인 주상절리와 관련하여 지공대사나 김덕령의 영험함을 통해 지명을 획득한 '지공너덜'에 관한 설화도 동일한 유형에 해당된다고 할 수 있다.

인도의 승려 지공대사(指空大師)가 이곳에 와서 석실을 만들고 좌선수도하다가 그의 법력으로 수없이 많은 돌을 이곳에 깔아 놓아 지공너덜이라 부르게 되었다. 또한 지공너덜의 많은 돌은 본래 상봉 근처에 있는 돌무더기였는데 김덕령 장군이 하루아침에 깨뜨려 내던져서 이렇게 된 것이라고도 한다.[46)]

그러나 가장 빈번하게 나타나는 지공너덜 전설 외에 너덜과 주상절리에 얽힌 다른 구비자료를 찾을 수가 없는 것은 의외라고 할 수 있다.

무등산의 지명유래와 관련하여 이성계의 조선건국과 그에 대한 비판적인 설화도 전해진다. 이성계의 정권 찬탈을 비판한 내용을 배

45) 강동원, 『화순의 전설』, 광일문화사, 1982, 225~229쪽.
46) 광주시, 앞의 책, 1982, 251~252쪽.

경으로 지명의 명칭을 획득한 '이성계와 무등산' 에 관한 설화는 다음과 같다.

> 조선을 건국한 태조 이성계가 어느 날 밤 여러 산신들이 모이는 꿈을 꾸었다. 그런데 지리산과 무등산 산신령은 보이지 않았다. 다른 산신령들은 참석했는데, 지리산과 무등산 산신령이 보이지 않자 그 이유를 물었다. 그 이유인 즉 지리산과 무등산 산신령은 태조 이성계를 왕으로 인정하지 않고 불복하기 때문이란다. 이에 화가 난 이성계는 지리산을 전라도로 귀양 보낸다. 당시 지리산은 경상도에 일곱 고을, 전라도에 세 고을에 걸쳐 있었다. 그래서 이성계는 경상도 지리산을 전라도로 귀양 보낸 것이다. 그리고 무등산은 원래 전라도에 있기 때문에 딱히 귀양 보낼 데가 없었다. 그래서 너는 등외 없는 산이라 해서 무등산이라고 불리게 된 것이다.[47]

이상으로 풍수지리, 영웅의 영험, 해원 과정, 시대 상황의 부정 등을 통해 지명유래를 얻게 된 스토리자원에 대해 살펴보았다. 이와 같이 '지명획득' 유형의 스토리자원은 대개 다양한 외부적인 요인에 의하여 지명을 얻게 되었음을 알 수 있다.

2) 지형 설명 유형

지형 설명 유형은 외부적인 배경보다 주로 생활방식이나 기능, 언어적 연관성, 경제적 현실 등에 의해 지명이 만들어진 유형이라 할 수 있다.

47) 박선홍, 앞의 책, 다지리, 2008, 39~40쪽.

무등산에서 살았던 사람의 생활방식은 '삼밭실' 이라는 명칭에서 볼 수 있는 "인삼 밭이 있는 골짜기"라는 스토리를 통해 살펴볼 수 있다. 그 기원은 삼밭을 일구며 생활한 장소에서 기인하며, 경제적 생활상도 알려주는 스토리이다.

> 무등산 정상 북쪽 원효계곡 동쪽으로 꼬막재가 있는데 꼬막재를 미처 못 가서 삼밭실이 있었는데 이 삼밭실에 서 마지기나 되는 동삼(산삼)밭이 있었다고 하여 이곳을 삼밭실이라고 부르게 되었다.[48]

무등산의 지형적 특징은 돌과 바위가 많은 데 있고, 이런 지형특성을 묘사한 설화의 내용도 그 양상을 주로 반영하고 있다. 무등산에 산재한 바위에 얽힌 설화를 참조해 보면, 저승굴 · 아들바우 · 덜걱바우 · 쇠몰바우굴 · 송도바위 · 상사바우 · 호랭이바우(청옥동) · 치마바위 · 시검(試劍)바위 · 문바위 · 뜀바위 · 말바우 · 장원봉 · 호랭이바우(금곡동) · 귀신바우(개좆바우) · 풍혈대(風穴臺) · 벼락바우 · 선독 등이 있다. 굴과 관련된 설화는 저승굴 · 쇠몰바우굴이 있으며, 무등산과 연결된 부속 산에 관련해서는 '금산' 설화가 전해지고 있다. 이들 설화 중 대부분이 지형의 특징을 설명하는 내용이 중심 줄거리를 이룬다.

> 지원동 뒤 봉우리 위에 평평하고 널따란 바위가 있었다. 옛날에 한 총각이 자신이 사는 마을의 한 처자를 좋아하였는데 처자의 부모가 반대하고 처자도 총각을 좋아하지 않자 상사병에 걸렸다. 사람들이 총각

48) 고산연구회, 앞의 책, 1990, 74쪽.

을 밧줄로 묶어 바위 아래 낭떠러지로 내려 보내면서 그 처자를 잊지 않으면 줄을 놓겠다고 위협하자 겁이 난 총각이 상사병을 고쳤다고 해서 이 바위를 '상사바우'라고 했다고 한다.[49)]

청옥동 신촌(新村) 마을 앞에 호랑이가 개를 노려보는 모습의 호랭이바우가 있다. 옛날에 마을에서 길 가던 중을 잡아다가 죄인으로 몰아 죽였는데 이를 들은 주지스님이 마을에 와 호랭이바우를 없애지 않으면 마을에 큰일이 생길 것이라고 하였다. 마을 사람들이 그의 말에 따라 호랭이바우를 두 동강 내자 마을에 돌림병이 돌고 흉년이 들었다. 그때서야 마을 사람들이 속은 줄을 알고 바위를 다시 시멘트로 붙여놓았는데, 그 후에는 좋은 일만 생겼다고 한다.[50)]

충장사에서 산장 쪽으로 가는 길 1km 떨어진 왼편에는 치마바위라는 바위가 있는데, 김덕령의 누나가 치마폭에 싸서 올렸다고 해서 치마바위라 전한다.[51)]

옛날에 장원봉 부근에 사는 사람이 장원급제를 해갖고 금의환향을 했던 것을 기념하고 다른 학생들에게 본이 되게 하려고 장원봉이라고 했다고 한다. 옛날에는 딸기밭이었다고 한다.[52)]

정감록이 광주목사로 와서 무등산에 올라 창평지실을 내려다보고 불을 조심해야 한다며 금산에 있는 성계바위를 안 보이게 성을 쌓아야

49) 전국문화원연합회 광주광역시지회, 『광주광역시 구전설화』, 전국문화원연합회 광주광역시지회, 2005, 274-275쪽.

50) 광주직할시 · 향토문화개발협의회, 『무등산 : 문화유적조사』, 광주직할시, 1988, 586~587쪽.

51) 광주직할시 · 향토문화개발협의회, 위의 책, 1998, 598쪽.

52) 전국문화원연합회 광주광역시회, 앞의 책, 2005, 309쪽.

한다고 하였다. 지실 정씨들이 금산에 성을 쌓고 금산성이라고 했는데 지금도 성곽이 남아있다. 지실 마을에서 보면 금곡의 바위 무더기가 보이는데 그곳의 바위하나가 아래로 구르면 훌륭한 인물이 태어난다고 전한다.[53)]

용연동에서 운림동으로 넘어가는 고개인 가잿등 옆에 큰 바위가 널따란 바위에 얹혀 있는데 새가 앉아도 덜걱, 사람이 올라가도 덜걱 소리를 낸다. 그런데 한 번 소리를 내고 난 후에는 두 번 다시 하지 않는다고 한다.[54)]

충효동 곰곡마을에는 두 쪽으로 깨진 커다란 바위가 있는데, 김덕령이 주검동(鑄劍洞)에서 만든 칼을 시험해 본 바위라 하여 시검(試劍)바위라고 한다.[55)]

위의 스토리는 모두 '지형 설명'이 중심이 되며, 내력을 그럴 듯하게 알려주고 있다. 이와는 달리 다음에 소개하는 '금산' 전설은 '언어의 유사성'에 의해 지형을 설명하는 유형에 해당된다.

어느 날 충효마을 금산 아래 평촌(平村)마을에 사는 문씨(文氏)라는 사람이 산에 올라갔다가 돌로 된 커다란 문을 발견하였다. 그가 그 문을 열자 안에는 금은보화는 물론 세상에 없는 것 없이 다 있었다. 문씨 일가는 그 비밀을 대대로 전해 잘 살았는데 어느 대에 그 비밀을 다른 성씨의 사람들에게 알려주었다. 이후 지실 정씨(鄭氏)가 그곳에 찾아갔으나 그 안에는 아무 것도 없었다. 그 후부터 김(金)자 대신 비단 금(

53) 고산연구회, 앞의 책, 1990, 121~122쪽.
54) 고산연구회, 앞의 책, 1990, 78쪽.
55) 고산연구회, 앞의 책, 1990, 598쪽.

錦)자를 써서 금산이라 부르게 되었다.[56)]

또한 무등산의 고갯길에도 동일한 유형의 설화가 전해진다. '성터'였다고 하여 생겨난 '잣고개', '장(長)골' 즉 긴 골이며, 그 골 위에 있는 고개라 하여 '장골재'라 부르던 것을 장불사(長佛寺)가 생기면서 장불치(長佛峙)라 부르게 된 '장불재', 중치(中峙)라고도 하고 나무 한 그루 자라지 않는 것을 스님의 머리에 비유하여 부르던 '중머리재', 김덕령이 자주 다녀서 꾀 있는 고개라 하여 이름 지어진 '꾀재', 도자기의 원료가 되는 장석과 백토가 하얗게 깔린 백토(白土)재에서 기원한 '배재', 김덕령의 한이 서린 '한품잇재' 그 외 '바람재', '늦재' 등의 고갯길도 있다. '너릿재'의 경우 도둑이 들끓어 행인이 고개를 넘을 때 많은 피해를 입기도 하였는데, 1946년 탄광노동자와 미군정과의 충돌[57)] 내용도 전해져 오고 있다.

당시의 경제생활상을 설명함으로써 지명을 얻게 된 스토리유형은 '배고픈 다리'를 통해 알 수 있다. 여기에는 어려운 삶 속에서도 해학이 넘치는 우리 조상들의 삶이 반영되어 있다.

> 학운동 281번지쯤 증심천에 놓인 세월교인 이 배고픈 다리는 공사비가 105푼 들었다하여 '백오픈'에서 배고픈이 되었다는 말도 있다. 또한 한편으로 시내에서 이곳에 도착하면 배고플 정도에 있던 다리라고 해서 배고픈 다리가 되었다고 전하고 있음. 어떤 사람들은 그 다리가 나

56) 광주직할시 · 향토문화개발협의회, 앞의 책, 1998, 586쪽.

57) 뮤지컬 "화순 Remember"의 모티프로 제작되어 2016년 1월 14일부터 17일까지 서울 CTS아트홀에서 공연되었다.

무로 되어 있어서 사람들이 다니면서 점점 꺼져서 배고픈 다리라고 했다고 한다.[58]

〈그림 2〉 너릿재

〈그림 3〉 잣고개

나. 역사적 담론 유형

무등산을 배경으로 삶을 영위한 사람과 관련된 여러 내용이 가감·첨삭을 거쳐 영웅적인 면모를 반영하는 형태로 전승되며 특정 인물의 활동을 바탕으로 하는 역사적 담론의 스토리유형이 꽤 많이 등장한다.

이런 역사적 담론 유형은 다시 영웅의 삶을 미화하는 '영웅 생애 유형'과 스토리 소재가 될 수 있는 인물을 중심으로 특성 있는 사건 행동데 대한 이야기를 전개하는 '인물 활동 유형'으로 구분할 수 있다.

1) 영웅 생애 유형

58) 전국문화원연합회 광주광역시회, 앞의 책, 2005, 307쪽.

영웅 관련 스토리자원은 당시의 사회적 환경과 부딪치면서 어려움을 극복하며 살아가는 내용이 이야기의 중심을 이룬다. 이런 영웅 스토리는 역사적 인물을 소재로 하는 경우가 대부분이며, 남다른 능력이나 뛰어난 재주를 지녔던 인물을 대상으로 한다. 이런 영웅스토리의 대부분은 그 인물의 실제 삶을 그대로 반영하는 것이 아니라 민중적 소망을 반영하는 형태로 가공하여 전승된다. 따라서 그 인물의 실제 삶과는 거리가 있는 경우가 많다. 이런 영웅 관련 스토리 자원은 대개 해당 인물의 삶이 어떠했는가를 알아보기 전에 스토리를 통해 드러내고자 하는 당시 사람들의 내면 의식에 대해서 관심을 가지고 살펴봄으로 당시 삶을 영위하던 민중들의 '잠재적 무의식'에 대한 여러 가지 생각을 엿볼 수 있다고 생각된다.

대부분의 산이 상징적 인물에 대한 스토리를 가지고 있지만, 무등산의 '김덕령'만큼 스토리에 자주 등장하는 경우는 없다고 해도 과언이 아니다. 임진왜란 때 의병장으로 활동했던 충장공 김덕령(金德齡 1567~1596)은 부침이 심한 삶을 살았다. 위난에 처한 조국을 구하기 위해 구국충정으로 불타는 일신을 던지며 죽음을 넘나드는 전쟁터를 누볐지만, 그가 최후를 맞이한 곳은 전장이 아닌 형장이었다. 충신으로 살았지만 역신으로 몰려 죽은 그의 모순된 일생은 억울함을 해원하기 위한 민중들의 내면적 의식에 실려 수많은 스토리자원이 되어 현재까지 전해오고 있다. 이런 것을 반영하여 무등산 여러 골짜기와 바위마다 김덕령과 관련된 스토리들이 전해질 정도이다.

억울하게 죽임을 당한 김덕령은 사후에 신원과 해원의 과정을 거치면서 영웅화의 단초가 마련되었다. 김덕령은 역적의 누명을 쓰고 죽었기 때문에 죽은 후에 차마 입에 올리는 것조차 금기되었으며, 긍정적인 평가는 당연히 불가하였을 것이다. 그러나 그가 죽은 후 그의 억울한 죽음이 여러 사람에 의해 회자되었으며, 결국 신원과 해원을 위한 영웅화의 단초를 형성하고 민중 속에 다시 살아나게 되는 계기가 되었다.[59] 이런 영웅화는 범상치 않은 탄생에서부터 출발하여 어릴 적 과정의 비범함, 충과 효에 대한 뛰어난 자질, 이성적 사랑, 위기적 상황에서 활약, 호된 시련과 갈등, 죽음과 부활의 서사적 단계를 지니게 되었다.[60] 이와 관련하여 김덕령 관련 설화를 생애사별 단계로 구성하여 〈표 7〉로 구분하여 보았다.

〈표 7〉 김덕령 설화의 생애사별 단계

영웅의 탄생	⇒	어릴 적 성장 과정	⇒	충과 효의 품성	⇒	이성적 사랑	⇒	위기에서 활약	⇒	시련과 갈등	⇒	죽음과 부활

영웅의 출생은 미리 예정된 시간 속에 발생한 예언적 태몽과 더불어 영웅 탄생에 대한 징조 및 하늘과 땅의 예사롭지 않은 기운을 가지고 태어났다는 신비스러운 탄생 스토리를 중심으로 전개된다. 김덕령 스토리의 경우도 마찬가지로 이런 내용들을 담고 있다.

59) 박원경 · 김병인, 「김덕령장군 영웅화의 역사적 과정에 대한 층위적 해석」, 『인문콘텐츠』 제38호, 2015, 211쪽.

60) 나경수, 「김덕령의 역설적 삶과 의의」, 『남도민속연구』 제22집, 2011, 88~91쪽 참조.

김덕령의 어머니인 남평 반씨가 꿈을 꾸었는데, 큰 범이 느닷없이 품속에 들었는데도 자신은 전혀 놀라지 않고 범의 등을 쓰다듬어주는 꿈이있다. 이 꿈 후에 잉태를 하였는데, 출산을 하던 날 하인들은 호랑이 두 마리가 뜰에 웅크리고 있다가 사람들을 보고 뒷산으로 올라갔다고 한다.[61]

김덕령의 어머니가 밭에서 일하고 있을 때 중으로 변신한 호랑이가 덮쳐서 잡아먹으려고 하였지만 불 칼이 밭 둘레를 뺑 둘러싸고 있어 실패하였다. 덕령의 어머니는 호랑이에게 잡혀 먹힐 팔자였는데 명산의 정기를 탄 김덕령이 뱃속에 있었기 때문에 천지신명이 보호한 것이라고 한다.[62]

김덕령의 고조부인 문손의 집에 남루한 행색의 젊은이가 찾아와 머슴살이를 한다. 사실 그 젊은이는 명당자리를 찾아서 한국에 온 중국 풍수가였다. 중국 젊은이는 날달걀을 무등산 배재의 명당자리에 묻고 나서 잠시 후 달걀을 꺼내어 소리를 들어보더니 회룡고조지명혈이라고 외쳤다. 그 젊은이가 중국에 다녀오는 동안 고조부는 젊은이가 잡아놓은 자리에 고조모의 묘를 이장했는데 그곳은 대장군이 날 자리였고 훗날 김덕령이 태어났다.[63]

대개 영웅의 성장기에는 출중한 인물로 클 것을 암시하는 비범함과 재주, 용력 등이 뛰어나며 때로는 도술을 부릴 줄 아는 인물로 그

61) 고산연구회, 앞의 책, 1990, 126~127쪽.

62) 전국문화원연합회 광주광역시회, 앞의 책, 2005, 256~257쪽.

63) 나경수 외, 『광주 충효동 성안마을 사람들의 삶과 앎』, 심미안, 2007, 435~436쪽.

려진다. 무등산의 정기를 받고 태어난 김덕령은 교육 및 성장과정에서도 예사롭지 않은 비범함이 나타난다. 김덕령의 성장과정에 대한 스토리는 다음과 같다.

무등산 지왕봉 정상에는 뜀바위가 있는데, 김덕령이 어렸을 때 이곳에서 바위 사이를 뛰어 다니며 무술을 연마하고 담력을 길렀다고 한다. 왜정 때 이 전설을 들은 일본군 장교 하나가 자신도 뛸 수 있다고 뛰어내리다가 떨어져 죽은 일도 있다고 한다.[64]

환벽당 처마 밑에 참새들이 둥지를 틀었지만 키가 작은 아이들은 잡을 수가 없었다. 덕령은 열 길이 넘는 환벽당 처마에 가뿐히 뛰어 올라 많은 새를 잡은 후 둘레의 나무 위에 옮겨주었다. 이 모습을 본 덕령의 할아버지는 날쌔고 굳센 힘은 자랑하거나 뽐내면 안 된다고 꾸짖었다고 한다.[65]

김덕령이 활을 쏴서 용마가 화살보다 먼저 가면 활을 안 쏘고 화살이 용마보다 먼저 가면 용마를 죽이기로 하였다. 그가 활을 쏘고 가서 화살이 보이지 않자 말을 죽였는데 죽이고 난 후 화살이 도착하였다고 한다. 말이 죽은 자리를 말바우라고 한다.[66]

김덕령은 어려서 무등산에 들어가 무술을 익혀 여러 씨름판에서 이겼는데 덕령의 누나가 남장을 하고 씨름판에 나가 덕령을 이기자 덕령은 크게 깨우쳐 학문과 무술 익히기에 전념 하였다.[67]

64) 광주직할시, 앞의 책, 1990, 154~155쪽.
65) 고산연구회, 앞의 책, 1990, 129~130쪽.
66) 나경수 외, 앞의 책, 2007, 442쪽.
67) 광주시립민속박물관, 앞의 책, 1990, 136~138쪽.

이와 같이 김덕령이 성장과정에서 비범한 인물이었음을 암시하는 스토리가 풍부하게 전승되고 있다. 이들 이야기는 김덕령이 장차 국가를 위한 큰 인물로 성장하여 활약할 것이라는 복선이 깔려 있다.

또한 김덕령 영웅설화에서는 김덕령의 품성 관련 스토리가 많이 전해 내려오고 있다. 당대가 요구하는 유교적 가치관을 지님으로써 능력에 대한 비범함뿐 아니라 인품 또한 영웅으로서 면모를 지녔음을 강조하는 스토리에 해당된다.

> 임진왜란이 일어나자 진주로 출병한 김덕령은 광주에 계시는 어머님의 병환이 중해 진주의 유명한 의원을 밤사이에 모시고 가서 쾌유케 했다.[68]

> 전해오는 설화에 의하면 임진왜란 때 김덕령 장군이 의령 정암진에 진을 치고 있었는데 적이 밤을 이용해 침공해 오는 것을 보고 곽재우 장군과 더불어 추격하여 모두 섬멸시켰다 한다.[69]

> 이순신은 자신보다 20살을 덜 먹은 김덕령이 자신보다 낫다고 했다. 하지만 당시에 정승을 하던 유성룡이 김덕령을 역적이라고 하여 옥에 가두었다. 그래서 김씨 집안과 유씨 집안이 한동안 거리를 두었다고 전한다.[70]

68) 정호균, 『전설로 되살아난 민중의 영웅 김덕령』, 광주광역시 북구, 2003, 138쪽.
69) 정호균, 위의 책, 2003, 143쪽.
70) 나경수 외, 앞의 책, 2007, 440쪽.

위의 스토리들은 김덕령의 효성과 사회적 교유 관계 및 인간적 면모와 품성 등을 알려 주는 내용이 중심이 되고 있다. 영웅의 심성적 덕목을 통해 용맹함을 크게 부각시키고자 하는 사람들의 집단적 무의식이 반영되어 있다.

다음에 제시하는 스토리는 김덕령과 여승(女僧)의 이루어질 수 없는 관계를 통해 절제된 사랑을 표현한 내용이다. 사람들은 호랑이와 싸우는 용맹함 속에 연화와의 관계를 모정(母情)으로 표현하고 있지만, 극적으로 둘 사이를 묘사하고 싶은 창작자의 생각이 반영되었다. 이 스토리를 통해 청자(聽者)에게 다양한 '이성적 상상'을 제공하고 있다.

> 어느 날 연화와 덕령은 말을 타고 무등산 동쪽으로 20리 길을 달리고 잠시 쉬는데 덕령이 어디론가 사라졌다. 여승 연화는 한참동안 초조하게 기다리는 데 갑자기 호랑이가 나타나 연화에게 달려들려고 했다. 이때 덕령이 나타나 호랑이를 제압하고 기진맥진한 듯 풀밭에 쓰러졌고 크게 놀란 연화는 골짜기에서 물을 떠다 덕령의 입에 넣어주고 덕령의 온몸을 훑어보고 깜짝 놀랐다. 덕령의 옷은 호랑이의 발톱에 찢기우고 속살에는 피가 흐르고 있었다. 연화는 자기 수건으로 피를 닦아주고 땀에 젖은 저고리를 벗기어 가랑잎을 모아서 불을 피워 말렸는데 김덕령은 연화에게서 모정 같은 것을 느꼈다고 한다.[71]

이 스토리는 김덕령과 여승(女僧) 연화의 등장, 호랑이와의 싸움 등으로 사건을 연결시켰다. 이 사건이 전개되는 일련의 과정은 우리

71) 정호균, 앞의 책, 2003, 121쪽.

가 흔히 볼 수 있는 이성간의 사랑을 떠올리게 하는 장면이지만, 사람들은 영웅에게 절제된 감정을 통한 이성적 사랑을 요구한다. 여승을 등장인물로 내세워 '이루어질 수 없는 사랑'을 암시하지만, '모정(母情)'과 같은 숭고한 절대적 사랑을 통해 영웅을 더욱 빛나게 하고 있다.[72)]

무등산에서 김덕령 설화 중 가장 많은 서사내용은 의병을 조직해 왜적과 싸운 스토리이다. 주검동에서 왜적을 무찌르기 위해 칼을 만들고 진주로 출병하여 목책성을 쌓았으며, 도술을 부려 적군을 물리치고, 날아다니는 호랑이라 하여 익호장군(翼虎將軍)이라 칭해졌다. 추월산 상봉에서 진을 펼친 내용 등이 전해진다.

> 김덕령 장군은 힘이 세고 말 타기를 잘 해서 말을 타고 작은 창문을 넘어 방안으로 들어가고 다시 나올 수 있었다. 호랑이와 맞서 창으로 호랑이를 제압했다. 익호장군, 초승 장군이라 불리며 왜군들을 물리쳤다. 또한 무게가 백 근이나 되는 철퇴 두 개를 허리 좌우에 찰 만큼의 신장이었다.[73)]

임진왜란 때 왜적이 물을 건너오려고 수심 측량을 해서 지도에 표기해 놓았는데 그것을 미리 안 김덕령이 지도에 표시한 것을 다 반대로 바꾸어 버렸다. 그래서 일본군이 몰살하게 되었다고 전한다.[74)]

72) 무등산이 배경은 아니지만 금당산에는 옥녀와 나란히 앉아 무등산을 바라보며 사랑을 나누었다는 '물동이 자국바위'가 있다. 영웅 스토리에서 '사랑'이라는 소재는 중요한 역할을 담당하고 있다.

73) 나경수 외, 앞의 책, 2007, 439쪽.

74) 나경수 외, 앞의 책, 2007, 445쪽.

김덕령 장군이 오천 명 의병을 일으켜서 담양, 남원, 진주를 함락하고, 진주에서 목책성을 쌓아 농사를 지어 식량을 보급할 수 있게 했다고 한다.[75)]

왜적을 물리쳤던 용맹한 장군으로 억울한 누명을 쓰고 죽은 김덕령에 대해 사람들은 죽음을 미화하고 '신화적 장치'를 통해 부활하는 삶을 만들었다. 신화적 장치는 부활이 실제로 일어나는 것이 아닌 스토리로 만들어져 사실처럼 믿어지고 있다는 뜻이다.[76)] 김덕령의 죽음과 부활에 관계된 설화는 아래와 같다.

김덕령이 의병장을 하다가 억울하게 역적으로 몰리게 되었다. 여러 가지 방법으로 김덕령을 죽이려고 했으나 죽지 않았다. 김덕령은 '만고충신 김덕령'이라고 비석을 세워주면 죽겠다고 하면서 다리에서 비늘 세 개를 떼어낸 후 저릅대(삼대)로 그 곳을 세 번 때리게 했다. 과연 김덕령이 그 자리에서 죽으니 반대파에서 만고충신 비석을 없애 버렸다. 그러자 김덕령이 눈을 번쩍 뜨고 죽은 이후라도 절대로 비석에 손대지 말 것을 요구하였다. 다시 비석을 세워주자 눈을 감았고 무등산 남쪽 화순 쪽에 지금도 '만고충신 김덕령'이란 비가 있다고 한다.[77)]

정조대왕이 역적으로 몰려 죽은 김덕령에게 죄가 없고 덕령, 덕홍, 덕보 형제들이 다 나라에 충성하고 부모에 효도했으며 김덕령 부인 흥양 이씨의 절의(節義)를 알고 충효리라는 이름을 하사했다고 한다.[78)]

75) 나경수 외, 앞의 책, 2007, 446쪽.
76) 나경수, 『한국의 신화』, 한얼미디어, 2005, 52쪽.
77) 고산연구회, 앞의 책, 1990, 144쪽.
78) 나경수, 앞의 논문, 2011, 446~447쪽.

김덕령의 죽음에 관한 구전설화는 한국정신문화원이 간행한 구비문학대계에 잘 정리되어 있다. 유성룡이 모함해 김덕령이 죽게 되었다는 이야기,[79] 만고충신임을 인정받은 후 겨드랑이 밑 비늘을 떼니 그제야 죽었다는 전설[80], 사위를 우습게 본 장모에게 실력을 보여준 이야기[81] 등이 채록되어 있다.

김덕령은 충신(忠臣)이면서 역신(逆臣)으로 몰려 죽은 삶의 아이러니를 결국 부활(復活)이라는 신화적 장치와 수많은 사람들의 평가를 통해서 화려하게 우리 사회 속으로 다시 등장하게 된다. 희생의 장면들이 다양하게 마련된 까닭도 그의 죽음에 대한 반사적 저항이며, 따라서 부활을 시키지 않을 수 없는 내적 활력을 이미 김덕령은 지녔던 것이다.[82]

김덕령은 혼란기의 시대를 올곧게 살아간 영웅의 전형이며, 그의 삶과 죽음은 전국적으로 내용을 달리하는 수많은 스토리자원의 소재로 확대 재생산되어 이어오고 있다.

2) 인물 활동 유형

'인물 활동 유형'은 역사적인 인물에 대한 사료(史料)나 설화 등을 소재로 하는 스토리자원이다. 무등산을 배경으로 살아온 인물 중 예술 활동 · 은둔(隱遁) · 침탈과 토벌 등에 관련된 인물이 스토리텔링

79) 지춘상, 『한국구비문학대계』 6-2, 한국정신문화연구원, 1981, 101~106쪽.
80) 최래옥, 『한국구비문학대계』 5-2, 한국정신문화연구원, 1981, 337~339쪽.
81) 김승찬, 『한국구비문학대계』 6-3, 한국정신문화연구원, 1984, 645~648쪽.
82) 나경수, 앞의 논문, 2011, 99쪽.

의 주요 대상이 된다.

인물을 주제로 삼는 스토리자원은 기록자료 와 구비자료에서 수없이 확인할 수 있다. 여기에서는 무등산과 관계된 매력적 스토리를 지닌 대표적인 인물을 중심으로 검토하고자 한다.

먼저 전국적으로 널리 알려진 대표적 인물 방랑시인 '김병연(金炳淵)'과 실학자 '정약용(丁若鏞)'은 현재에도 다양한 옛 이야기로 전해지고 있다.

시인 김삿갓은 평생을 여러 마을로 떠돌며, 방방곡곡 가는 곳마다 풍자적이고 해학적인 시를 남겼으며[83] 무등산과 적벽의 아름다움을 읊은 시가 전해오고 있다.[84] 잣고개 너머 청옥동 석곡수원지 위쪽 산자락 청풍쉼터에 시비가 세워져 있다.[85]

정약용은 18년에 걸친 강진 유배기간 동안 방대한 저술활동을 하며 실학을 집대성한 인물이다. 그는 화순 동복 현감으로 부임한 부친을 따라 17세 때 무등산을 형제들과 등반한 후 『유서석산기(遊瑞石山記)』를 저술하고, 형인 '정약전'과 동림사(東林寺)에서 40일 동안 '맹자'를 읽으면서 이상사회를 꿈꾸었다. 개혁사상가인 정약용이 무등산 자락에서 가족과 청춘의 시기를 보낸 스토리가 다음과 같이 전

83) 방랑시인 김삿갓(1807~1863)이 사망할 때까지 전남 화순군 동복면에서 6년간 생활했는지에 대해서는 논란이 있다. 그러나 김삿갓이 1841년과 1850년, 1863년 세 차례 화순을 다녀갔다는 사실은 김삿갓의 시와 글을 통해 확인할 수 있다.

84) 無等山高松不在 무등산이 높다 하되 소나무 아래 있고 赤壁江深海上流 적벽강이 깊다 하되 모래 위에 흐른다(박선홍, 앞의 책, 2008. 187~189쪽).

85) 김덕진, 『무등산 옛길 위의 광주』, 한국문화원연합회 광주지회, 2011, 105쪽.

해지고 있다.

> 지난 무술년 겨울 아버님께서 화순 현감(和順縣監)으로 계실 때 나는 손암(巽菴)과 함께 동림사(東林寺)에서 독서(讀書)하여 40일 만에 『孟了』 한 질(秩)을 다 바쳤는데, 은미한 말과 오묘한 뜻을 공에게서 적잖이 인가(印可)받았다. 공은 찬물로 양치질하고 눈 내리는 밤에 잠을 이루지 못할 때면 매양 임금과 백성을 요순(堯舜) 시대의 군민(君民)으로 만들 뜻이 있음을 말하였다.[86]

한편 정약용은 무등산에 올라 빼어난 경관의 아름다움을 찬미하는 시를 짓기도 했다. 물염정(勿染亭)과 적벽에 노닐며 자연을 읊은 시를 통해 정약용의 산수적 미의식을 볼 수 있다.[87] 인간과 자연의

---

86) 昔在戊戌冬。家君宰和順縣。余與巽菴。讀書東林寺。四旬了孟子一部。微言妙義。多所印可。
氷泉漱齒。雪屋無寐。每語有堯舜君民之志。(『茶山詩文集』권15, 先仲氏墓誌銘).

87) 瑞石衆所仰/ 서석산은 뭇사람이 우러르는 바
屝巖有古雪/ 높이 솟아 해묵은 눈이 있는데
不改渾沌形/ 태곳적의 모습을 고치지 않고
眞積致峻巀/ 알차게 쌓고 쌓아 우뚝하여라
諸山騁纖巧/ 주위에 뻗은 산들 정교한 모양
刻削露骨節/ 깎고 새겨 뼈마디 드러났다네
將登邈無階/ 올라오려 할 때는 까마득하니
及遠知卑列/ 멀리 오자 산하가 낮게 깔렸네
僻行嚼易顯/ 모난 행실 간단히 노출되지만
至德闇難別/ 지극한 덕 덮이어 분별 어려워
愛茲磅礴質/ 사랑홉네 이 산의 충만한 본질
涵蓄靳一洩/ 고스란히 함축해 빈틈없어라
雷雨不受鏟/ 천둥과 폭우에도 아니 깎이어

합일을 통해 산수에 대한 미적 감흥을 느낄 수 있는 다음과 같은 스토리도 전해오고 있다.

물염정(勿染亭)은 남쪽 지방에서 경치가 뛰어난 곳이다. 그곳에 가 보려고 두세 번 마음을 먹었으나 뜻을 이루지 못했다. 또 갈 날을 잡는데 보름날을 기다려 파도에 달이 비치는 것을 보자고 하는 사람도 있었다. 그러나 나는 말하기를, "그렇지 않다. 무릇 유람하려는 뜻이 있는 사람은 마음먹었을 때 용감하게 가야 하는 것이다. 날짜를 잡아 가기로 마음을 먹으면 우환과 질병이 일을 그르치게 된다. 더구나 구름과 비가 달을 가리지 않는다고 보장할 수 있겠는가?"하니, 모두 말하기를, "이 말이 옳다."고 하였다. 이날 드디어 물염정에 이르렀다. 정자는 적벽(赤壁)을 얼굴로 하였는데 적벽은 울퉁불퉁 그 모양이 기묘하고 빼어났다. 돌의 높이가 약 수십 길이고, 넓이가 수백 보나 되는데, 그 빛깔은 담홍색이며, 도끼로 깎아 세운 듯 우뚝하다. 그 아래는 맑은 못이 이루어져 배를 띄울 만하고, 못의 위아래는 모두가 흰 돌이다. 못에서 정자가 있는 곳으로 수십 보를 걸어가면 넓은 언덕이 나오고 그 위에는 전부 잔디로 덮여 있다. 걸으면서 쉬면서 서로 돌아보며 매우 즐거웠다. 정자에 이르니 다시 환하게 탁 트여 시냇물이 굽이쳐 흐르고 여러 봉우리들은 아래로 모여들었다. 정자의 앞은 다 높은 숲과 키 큰 대나무들이라서 이른바 적벽이 창살과 대나무 사이로 보일락 말락 하니, 그 그윽한 경치와 신령스러운 운치는 가까이서 보는 것과 비교할 바가 아니었다. 이에 술을 가져 오라고 하고 시를 지으며, 이리저리 거닐면서 이야기를 나누노라니 해가 기울어 가는 것도 알지 못하였다. 집으로 돌아온

謹保天所設/ 조물주 만든 대로 보전을 하니
自然有雲霧/ 자연히 구름 안개 피어 있다가
時滄下土熱/ 이따금 대지 열기 식혀준다네
(『與猶堂全書』 第一集 詩文集 권1, 詩集 登瑞石山).

> 뒤에 큰 형님이 나에게 그 풍경을 기록하라고 하였다.[88]

무등산은 은일의 삶을 영위하던 사람의 거처가 되기도 했다. 고려 중기 무등산 처사 '은원충'(殷元忠)의 행적을 주목하였다. 무등산에 은거한 채 도교적인 수행을 쌓던 '풍수지리'의 대가로 알려진 '은원충'(殷元忠)을 고려 숙종(肅宗)이 중앙으로 불렀다는 내용[89]의 스토리는 비유교적(非儒敎的)인 삶을 지향하며 은일한 삶을 선택한 인물에 해당된다. '은원충'은 이후 고려 예종의 측근으로 '도교 진흥'을 현실적 정치와 접목시켜 사회적 모순을 타개해 나가려 노력하였다.[90]

또한 당쟁이나 사화를 피해 무등산으로 들어온 이발(李潑)의 아들 만수에 관한 스토리가 기록으로 전해지고 있다.

> 조선 선조(宣祖) 때 동(東) · 서(西) 당쟁(黨爭)으로 동인(東人)의

---

88) 勿染亭者。南方之勝也。期之再二而不遂。又期之。有欲俟十五之夜。以取月波之賞者。余曰不然。凡有游覽之志者。意到遂當勇往。苟期之以日。必有憂患疾病敗吾事者。況可以保天之不雲雨以障月哉。僉曰斯言是也。是日遂至勿染亭。亭蓋以赤壁爲眉目。赤壁奇崛森秀。石高約數十丈。闊數百步。其色澹紅。削立若斧劈。其下爲澄潭可以汎舟。潭上下皆白石。由潭而之亭。行數十武。得曼衍之皐。皐上皆莎艸。且行且歇。相顧甚樂也。至亭復豁然通敞。溪灣而繞之。諸峯降而朝之。亭前皆高林脩竹。而所謂赤壁者。滅沒隱映於牕欞竹樹之間。其幽光靈韻。尤非逼視之比也。於是命酒賦詩。消搖詼謔。不知日之將夕也。旣歸伯氏命余爲記。(『茶山詩文集』 권13, 遊勿染亭記).

89) 詔, 徵無等山 處士殷元忠一。(『高麗史節要』 권7, 肅宗 癸未8年).

90) 김병인,「고려 예종대 도교 진흥의 배경과 추진세력」,『전남사학』 제20집, 2003, 20쪽.

> 영수 이발(李潑)이 멸문(滅門)의 화를 당할 때, 이발의 어머니인 윤씨 부인(尹氏夫人)이 당시 7세가 된 이발의 둘째 아들 만수(萬壽)를 여비(女婢) 귀덕(貴德)을 시켜 몰래 업고 무등산(無等山) 속 주남촌(周南村)으로 들어가 숨게 하고 그 여비 귀덕의 5세 된 아들을 대신 잡혀가게 하였는데, 이로 인해 이발의 전 가족 중에 오직 그 둘째 아들 만수 하나만이 살아남게 되었다. 만수는 뒤에 자손을 많이 두어서 집안을 부흥시켰다고 한다.[91]

귀순한 왜승(倭僧) '신옥'(信玉)이 전국을 떠돌며 월출산을 거쳐 무등산을 유람[92]한 내용은 스토리 작가의 상상력을 자극하여 매력적인 창작 작품으로 활용될 수 있는 소재라 할 수 있다.

17세기 초 무등산 인근에서 살던 김대기(金大器)의 삶도 이들과 크게 다르지 않다. 그는 여느 유가들처럼 입신양명이라는 명분으로 과거에 응시하려 하였다. 19세의 나이에 향시(鄕試)를 치르고자 신창(新倉)나루터에 이르렀을 때 많은 선비들이 앞 다투어 배에 오르는 것을 보고 매우 위험하여 말렸으나 듣지 않고 무리하게 강을 건너다가 배가 전복되는 사고가 일어났다. 사람들이 명리를 얻기 위해 죽음을 불사하는 세태를 탄식하면서 지니고 있던 책을 강물에 던져 버리고 다시는 과거에 나가지 않았다.[93] 입신양명의 첫 관문인 향시

91) 花家一塊° 託侍婢而傳脈° 其事甚奇° 其跡易晦° 苟不有端人正士爲之傳信° 則後世其誰徵矣° 斯蓋浮菴羅處士之言° 而余所筆受也° 余雖言行無素° 羅處士廉潔篤學° 出言不苟° 其庶乎徵之哉° (『茶山詩文集』 권14, 跋東南小史).

92) 禮曹啓 : "倭向化僧信玉供招云: 初入全羅道 遊無等° 月出等山° (『朝鮮王朝實錄』 成宗實錄2年, 辛卯 4月 12日(甲寅)).

93) 以金夫人命° 赴沃溝試° 至新倉津° 見多士爭船甚危° 挽之不得° 獨不渡而舟果覆° 歎名利之陷人亦類是° 悉取行中書簏投之江中而還° 終身不赴擧° (『晩德集』 年譜).

를 보러가는 길에서 명리를 다투다가 생명을 잃어버린 사람들의 모습을 보면서, '과연 명예를 위하여 죽음도 불사해야 하는가?' 라는 깊은 회의와 번민에 빠졌다. 그는 열혈의 나이에 세상의 명예를 포기한 채, 스스로 돌아서서 무등산에서 은거한 김대기의 삶에 대한 이야기는 욕망에 가득한 현재에 다양한 메시지로 남아 매력있는 콘텐츠로 활용될 수 있다.

삶이 한 방울 이슬 같다 여기고 세상에 대한 뜻을 접어버린 김대기는 정자를 짓고 방에 책을 쌓아 둔 채 여생을 보낼 계획을 세운다. 세속의 유혹을 벗어나고자 하면서도, 세상이 자기를 버렸다는 생각으로 지은 한시[94]에서 김대기의 삶의 깊은 애환을 읽을 수 있다.

또한 20세기에 활동했던 대표 인물로 무등산을 중심으로 '한국화'와 대표 특산물인 '춘설차'로 활동하였던 허백련을 들 수 있다. 허백련은 광복 후, 차밭을 가꾸는 사람이 없자 이를 맡아서 삼애다원(三愛茶園)이라 개칭하고 최흥종(崔興琮)과 1947년 '광주농업고등기술학교'를 설립하여 농촌지도자를 양성하면서 손수 춘설(春雪)이라고 이름 붙인 녹차와 홍차를 생산하였다.[95] 허백련(許百鍊)은 "차를 마시는 사람은 머리가 맑아지고, 차를 달이는 시간 동안 생각할 여유를 갖게 되어 나라가 부강하게 된다."는 정약용(丁若鏞)의 말을 인용하

---

94) 晩德山連瑞石山/ 만덕산은 서석산에 연해 있는데
百年空老此山間/ 평생을 이 산간에서 헛되이 늙었구나
世人遺我吾何有/ 세상 사람이 나를 버리니 내가 무엇을 하리오
齋室惟希陋巷顏/ 이 집에서 오직 顏子의 陋巷을 배울 뿐이라네
(『晩德集』 권1, 〈題晩德遺老之齋〉).

95) 박선홍, 앞의 책, 2008, 138쪽.

여 차를 마시는 국민이 되자는 운동을 전개하였다는 스토리는 다른 소재와 결합하여 재미있는 콘텐츠로 활용될 수도 있다.

구비자료를 기반으로 하는 스토리자원 중, 앞에서 살펴보았던 고려 말 역성혁명의 주인공인 이성계의 정의롭지 못함을 무등산신이 꾸짖고 이성계의 역성혁명을 허락하지 않았다는 내용의 설화와 정몽주와 이성계에 얽힌 설화도 포함되어 있다. 그 내용은 다음과 같다.

> 고려 말 정몽주 등이 나타나 괴롭히는 꿈을 꾸던 태조가 얼마쯤 뒤에 입석대를 향해 걷던 중 서기가 감도는 서석대에 이르니 한 선인이 나타나 그를 맞으며 '그동안 대왕께서 3일 기도 중인 것을 알기는 했지만 이곳에서 법회가 열리고 있던 중이라 석가부처께서 대왕의 악몽을 아시고 즉시 지신(地神)을 보내 정몽주 등 고려 중신들을 질책하시고 대왕을 맞도록 한 것이오'라고 말했다는 것이다.[96]

그 외에 담양 환벽당 등 절경이 빼어난 장소와 연관하여 비범한 인물이 나올 것이라고 암시하는 출생 설화도 있다. 송강(松江) 정철과 관련된 스토리자원을 참조하였다.

> 사촌(沙村) 김윤제의 꿈에 환벽당 앞 용소에서 용이 꿈틀거리며 놀고 있는 것이 보였다. 꿈에서 깨어 그 자리에 가보니 어린 나이의 송강 정철이 멱을 감고 있었다. 문답을 통해 비범한 인물임을 알고 문과에 장원급제하기 까지 뒷바라지를 하였다고 한다.[97]

96) 광주직할시 · 향토문화개발협의회, 앞의 책, 1988, 557쪽.
97) 나경수 외, 앞의 책, 2007, 449쪽.

이상으로 무등산을 활동 무대로 삼았던 인물 관련 스토리 중 기록자원과 구비자원에 대해 살펴보았다. 이들 유형의 스토리자원은 과거와 현재가 상호 소통하는 '시간성'을 특징으로 갖는다. '시간성'은 서사적 문화콘텐츠가 역사적 사실을 객관적으로 재현하는 것인지, 아니면 콘텐츠의 대중적 속성에 맞게 변형 또는 왜곡시키는지에 대한 문제와 관련이 있다. 아무리 역사를 객관적으로 서술한다고 할지라도 창 · 제작자의 해석에 따라 역사적 사건이나 인물이 치환되거나 혹은 변형되는 경우가 있다. 스토리자원의 깊은 의미들이 퇴색되지 않고 역사적 '순수성'을 간직하며 창작되는 것이 무엇보다 중요하다. 특히 인물 소재의 스토리자원에서 왜곡되지 않은 원형의 모습과 본질을 이해하는 것이 필요하다.

다. 사회적 담론 유형

인간은 사회적 관계 속에서 태어나 여러 집단에 소속되어 다양한 관계를 형성하면서 그 생애의 궤적(軌跡)을 그려나간다. 가족 · 학교 · 친구 · 단체 등의 여러 사회집단과 개인과의 관계에서 사회적 가치들이 형성되고 삶을 지탱하는 '지속적인 질서'를 만들어 가게 된다.

사회 관계망 중에 문화는 시간을 인식하는 '역사성'과 '공간성'의 합이라고 정의할 수 있다. 사람의 삶에 투영되어 의식적 혹은 무의식적으로 전승되는 생산물이 스토리라고 할 수 있다.

여기에서는 사회적 담론 유형의 스토리자원을 '사회적 관계'를 통해 형성된 사건 · 생활상 · 종교 · 정서(情緖)를 기준으로 유형을 분류하여 살펴보고자 한다.

1) 사건 발생 유형

사건 발생 유형은 '역사적 사건'을 중심으로 전개되는 스토리자원에 해당된다. 정변이나 왜적의 침입과 관련된 내용으로 『조선왕조실록』·『고려사절요』·『동사강목』 등에 기술되어 있다.

『동사강목』에는 고려 고종43년(1256) 몽고의 6차 침입 때, 장군 차라대가 무등산 일대에 주둔하면서 군사 1천여 명을 남쪽으로 보내 노략질을 자행한 사실, 수군 70척을 거느리고 나주의 압해현을 비롯한 전남 일대를 침략하였다는 스토리[98]가 기록되어 있으며 『고려사절요』에도 고종 41년(1254)에 차라대가 2년 동안 무등산에 주둔하여 여러 곳을 노략질한 기록이 남아있다.

또한 『고려사절요』를 통해서도 고려 우왕(禑王) 때 왜적이 무등산 일대에 머무르면서 노략질한 사실이 확인된다. 왜구는 지리산을 탈출하여 무등산으로 들어와 규봉사(圭峯寺) 주변에 목책(木柵)을 세웠는데, 삼면이 절벽이고 벼랑을 따라 작은 비탈길만 있어 겨우 한 사람이 통행할 수 있었다. 전라도 도순문사 이을진(李乙珍)이 결사대 1백 명을 모집하여 높은 곳에 올라 돌을 굴려 내리고 불화살을 쏘아 목책을 불사르니, 적이 궁지에 빠져 벼랑에서 떨어져 죽은 자가 매우 많았다. 나머지 적들은 바다로 달아나서 작은 배를 훔쳐 타고 도망하였으나, 나공언(羅公彦)이 빠른 배로 추격하여 모두 죽이고

98) 『車羅大進兵屯海洋之無等山頂遣兵 ~ (『東史綱目』 第11上, 高宗 43年(1256, 丙辰 高宗 43 年)).

13명을 생포한 이야기가 기록되어 있다.

> 왜적이 지리산에서 도망하여 무등산으로 들어가 규봉사 바윗돌 사이에 목책을 세웠는데, 삼면이 절벽이고 벼랑을 따라 작은 비탈길만 있어 겨우 한 사람이 통행할 수 있었다. 전라도 도순문사 이을진(李乙珍)이 결사대 1백 명을 모아 높은 곳에 올라 돌을 굴려 내리고 불화살을 쏘아 목책을 불사르니 적이 궁지에 빠져 벼랑에서 떨어져 죽은 자가 매우 많았고, 나머지 적은 바다로 달아나서 작은 배를 훔쳐 타고 도망하였다. 전 소윤(少尹) 나공언(羅公彦)이 빠른 배로 추격하여 모두 죽이고 13명을 생포하였다.[99]

다음은 도적들의 횡포에 대한 기록을 살펴보고자 한다. 『조선왕조실록』의 예종 1년 '의정부사인(議政府舍人) 성숙(成俶) 형제 관련 내용에 전라도의 월출산과 무등산에 횡행하는 도적의 횡포에 대해 상소[100]하였는데, 예종은 전라도 관찰사에게 명하여 도둑을 토벌토록 지시한 기록이 남아 있다.[101] 전라도 절도사 허종이 도둑들의 이농상황과 그 대비책에 대해 치계를 보낸 내용, 무등산의 도적과 관군이 대결하는 스토리가 전해진다.

또한 일본의 침탈에 맞서 싸웠던 대한제국 의병장과 관련된 스토

99) 倭° 自智異山° 逃人無等山° 樹柵圭峯寺岩石間° 三面峭絶° 唯小逕緣崖° 僅通一人° 全羅道都巡問使李乙珍° 募敢死百人° 乘高下石° 以火箭焚其柵° 賊窘墜崖死者甚衆° 餘賊走海° 竊小船而遁° 前少尹羅公彦° 以快船追及° 盡殺之° 擒十三人° (『高麗史節要』 권31, 辛禑).

100) 『朝鮮王朝實錄』 睿宗 1年(1469,己丑/ 成化 5年) 5月 2日(乙酉).

101) 『朝鮮王朝實錄』 睿宗 1年(1469,己丑/ 成化 5年) 11月 10日(庚寅).

리가 전해진다. 일본의 침략 기관인 전남 경찰부에서 기록한 『전남 폭도사』에 관련 내용이 실려 있다.

1908년 2월 2일 오전 7시 창평군 내남면 지곡리에 의병 3백 명이 모여 있다는 보고가 있어 주재소의 순사 5명, 광주 일본군 수비대 하사 이하 6명이 합동 수색하여 외남면 무등리에서 충돌, 교전하였는데 가와미쓰(川滿) 상사와 하야시 상등병이 전사했고 병사 2명이 부상함에 마침내 한 쪽에 길을 뚫고 의병이 돌파하였다. 지원부대가 급히 출동하였으나 얻은 것이 없었다.

1908년 4월 3일 오전 6시 광주경찰대가 창평군 내남면 연천리에서 의병대장 강사문(姜士文)이 이끄는 40명과 만나 전투를 실시하였다.

1909년 1월 10일 광주 출신 의병장 조경환(曺京煥)이 증심사에서 대원 50명과 함께 일본군과 교전하다 전사하였다.

1909년 3월 24일 밤 창평군 가면 연화촌에서 일진회원(一進會員) 송맹채(宋孟采)가 마을 뒷산에서 수명의 의병에게 참살 당했다. 헌병대가 급히 추적하였으나 아무것도 얻지 못했다.

1909년 3월 28일 적정을 탐색 중이던 창평 헌병 분견소 보조원 최원식(崔元植), 장봉언(張鳳彦)이 동군 북면의 길가에서 참살 당했다.[102)]

3·1운동 때 무등산을 시위대의 주요 결집장소로 이용한 기록도 전해지고 있다.

각 학교별로 독서회가 결성되었다. 1929년 6월 하순 광주고보의 김상환 · 김보섭 · 윤창하 · 김대원 · 오쾌일 등이 장재성과 함께 광주 서남리(瑞南里) 최규문의 집에 모여 비밀결사를 조직할 것을 협의하고

102) 이일용, 『한말 전남의병 전투사』, 선인문화사, 1995, 35~40쪽.

다음날 무등산 중머릿재에서 이들과 김종섭 · 주경석 · 박석훈 · 김용준 · 김무삼 · 이형우 · 김홍남 · 문학연 · 김병기 · 강문영 · 이영범 등이 모여 광주고등보통학교 독서회를 조직하였다. 또한 광주농업학교 독서회도 1929년 6월 결성되었는데 김순복 · 조길룡 · 이영범 · 권수동 · 정욱 · 김남철 · 정해두 · 최차도 · 최정기 · 송두현 · 김복근 · 김종기 · 김문일 · 홍원표 · 박종주 · 김현수 · 박석진 · 윤익하 등은 장재성과 함께 무등산 약사암 앞 산 정상에 모여 광주고보와 같은 조직의 독서회를 결성하고 그룹별로 모임을 갖고 사회과학을 공부할 것을 결의하고 활발한 활동을 벌였다.[103]

현대에 와서 1977년 4월 20일 벌어진 '무등산 타잔' 사건이 대표적인 기록으로 남아 있다. 무등산 덕산골에 위치한 무허가 주택을 철거하러 온 철거반원 4명을 살해한 '박흥숙' 사건에 관한 신문기사이다. '박흥숙'을 강인한 체력의 소유자로 소개하고, 무등산 일대 사람들은 그를 '무등산 타잔' 또는 '무등산 이소룡'이라 불렀다고 보도한 내용으로 스토리는 다음과 같다.

무등산 증심사 계곡 무허가 건물 철거반원 4명을 살해한 범인 박흥숙(20 · 광주시 동구 운림동 134)이 22일 서울에서 검거되어 23일 상오 10시 45분 광주에 압송되었다. 박은 지난 20일 하오 2시쯤 광주시 동구 운림동 산145 무등산 계곡에서 무허가 건물을 철거하던 오종환(40 · 건축지원) 등 4명을 사제 총으로 위협, 이들의 손발을 나일론 끈으로 묶게 한 다음 철거반원이 가지고 온 해머로 머리를 난타, 살해하고 이날 하오 3시 20분쯤 증심사 입구로 내려와 광주시내로 택시를 타고 잠입했다. (중략) 박은 평소 아령, 철봉 등으로 신체단련에 힘써 강

103) 김덕진, 『무등산 옛길 스토리텔링』, 광주광역시, 2010, 37~38쪽.

인한 체력으로 무등산 일대 사람들로부터 '무등산 타잔'이란 별명을 듣기도 하였다.(중략) 그밖에 박은 태권도, 유도의 유단자이며 높이뛰기 앞차기 몽둥이를 들고 공격 · 방어 등 갖가지 무술을 익혀 어떤 사람들은 그를 '무등산 이소령'이라 부르기도 했다는 것이다.[104)]

'무등산 타잔'으로 불리었던 박흥숙 사건은 1970년대 무분별한 개발 담론에 의해 범죄자가 된 희생양의 전형으로 우리에게 전해지고 있다. 한 개인의 사건이라기보다는 당시 우리 사회가 추진했던 고도 경제성장의 그늘 아래서 소외된 도시 빈민의 문제가 빚어낸 사건이었다.[105)] 개발의 대상이자, 국가 통제의 대상이었던 무등산에서 당시의 개발 담론에 대항한 의로운 사건의 스토리로 전개하며 영화나 다큐 등의 매체를 통해 우리에게 전해오고 있다.

2) 생활상 반영 유형

'시대의 생활상'을 소재로 하는 스토리자원은 실존 인물과 사건에 중심을 두지 않고, 특정 시대의 생활상을 반영하는 시 · 공간을 배경으로 취하는 방식이다. 대표적인 자료인 '유산기(遊山記)'를 통해 당시의 시대적 생활상을 알 수 있다. 무등산 유산기(遊山記)에는 무등산을 배경으로 활동한 호남인과 생활상을 알 수 있는 많은 정보가 담겨있다. 현재 전해져오는 유산기(遊山記)는 19편이 확인되었다.

104) 『경향신문』, 1977년 4월 2일 「서울서 검거, 광주로」.

105) 유경남, 「무등산 타잔 - 1970년대 도립공원지정과 산, 사람들」, 『2011년도 전남대학교 호남학연구원 학술대회논문집 - 無等山의 傳展典』, 전남대 호남학연구원, 2011, 18쪽.

대표적 작품으로 고경명(高敬命)의 『유서석록』을 들 수 있다. 광주목사 임훈(林薰)을 배행(陪行)하면서 여러 문인들과 무등산을 등산하고 남긴 기행문이다. 이 작품은 임란 이전의 무등산의 모습을 잘 그려내고 무등산에 대한 방대한 정보를 담고 있으며, 아름다유 비경을 묘사하면서 심신의 도를 가꾸어 나가는 과정이 서술되었다. 유산(遊山)에 대한 인식이 조금씩 변화하여 단순히 산을 오르는 것에서 벗어나 학습한 것을 직접 수양하는 실천과정 중 하나로 인식되면서 무등산에 대한 유람을 기록한 고경명의 『유서석록』은 후대에 간행된 무등산 유산기의 전형이 되었다.[106]

다른 작품으로는 18세기에 정약용(丁若鏞)의 『유서석산기』가 있는데 당시 그의 나이 17세 때 '화순현감'인 부친을 따라서 화순(和順)에 머물고 있으면서 무등산을 등산하고 남긴 작품이다.[107]

19세기 이후에는 무등산 '유산기'가 활발하게 저술되고 있는데, 외세의 침략을 많이 받던 당시의 시대적 상황을 알 수 있다. 이때 무등산 '유산기'에 자주 등장하는 것이 바로 호남의 '절의정신(節義精神)'이다. 무등산 유산기의 작자들은 대부분 호남 출신의 문인으로 무등산에 '절의(節義)'를 투영하여 자신을 수양하고 있다.[108]

19세기에 지어진 나도규(羅燾圭)의 『서석록』은 고경명의 유서석록과 서술방식 등에서 유사한 형태를 보인다. 무등산 유산기 작자 중

106) 김순영, 「무등산 유산기 연구」, 전남대 석사학위논문, 2013, 9쪽.

107) 김대현, 「무등산유산기의 자료학적 검토」, 『2011년도 전남대학교 호남학연구원 학술대회논문집 - 無等山의 傳展典』, 2011, 65~67쪽.

108) 김순영, 위의 논문, 2013, 62~67쪽.

에 나도규가 고경명의 영향을 가장 많이 받은 듯하다. 나도규 역시 유람의 날짜에 따라 내용을 기록하고 있다. 나도규의 『서석록』은 고경명이 무등산을 유람한 이후 약 300년이 지나 지어졌는데, 지금은 흔적만 남기고 사라지거나 혹은 모습이 많이 변해버린 무등산을 보고 안타까움을 드러낼 때 주로 고경명의 작품을 인용하였다.

20세기에 편찬된 유산기에는 무등산을 유람하다가 유숙할 사찰이나 암자를 찾는 내용이 자주 보인다. 유람객에겐 산 속에 위치한 이런 사찰과 암자가 숙식을 해결할 수 있는 좋은 장소였다. 그런데 사람의 관리가 부족하여 사라져가는 옛 문화유산을 직접 눈으로 본 유람자의 입장에서는 매우 안타까웠을 것이다. 작자들은 사찰이나 암자뿐만이 아니라 무등산의 이곳저곳을 둘러보며 황폐해지거나 변해버린 무등산의 모습에서 느꼈던 답답함을 유산기에 드러냈다.

고경명의 『유서석록』의 영향은 20세기에 지어진 양회갑의 『서석산기』에서도 찾을 수 있다. 양회갑은 입석대를 보면서, "연재 송병선 선생이 '신공(神工)과 귀장(鬼匠)이 바람과 번개를 불러 짐짓 기이함으로 장난쳤다'라고 말한 것이 이것이구나."[109]라고 표현하였다. 그런데 이 글귀[110]는 송병선의 글 이전에 고경명의 유서석록[111]서 먼저 보인다. 아마도 송병선이 고경명의 글에서 이 글귀를 취하여 기록한 듯하다. 이와 같이 고경명의 『유서석록』은 무등산 유산기의 전범(典

109) 有眼淵翁, 謂神工鬼匠, 號召風霆, 假弄奇恠, 是已 (梁會甲, 『正齋集』, 〈瑞石山記〉).
110) 抑神工鬼匠, 號召風霆, 弄此奇詭耶 (宋秉璿, 『淵齋集』, 〈瑞石山記〉).
111) 抑亦神工鬼匠, 號召風霆, 而弄此狡獪歟 (高敬命, 〈遊瑞石錄〉).

範)이 되어 후대 작가들의 창작에 많은 영향을 미쳤다.[112)]

최근에 이르러서는 최남선과 이은상 등이 빼어난 작품을 남겼다. 최남선(崔南善)이 동아일보에 연재한 글을 모아 『심춘순례(尋春巡禮)』로 간행하였다. 그 내용 중 「성석림순례(聖石林巡禮)」, 「무등산상(無等山上)의 무등등관(無等等觀)」, 「사십리(四十里) 서석국(瑞石國)의 재횡단(再橫斷)」이 무등산을 유람하고 작성한 글이다. 특히 「성석림순례」는 무등산의 장대한 경관에 관한 것으로 무등산의 암석과 돌에 대한 감탄이 주요 내용을 이루고 있다.

또한 이은상(李殷相)이 무등산을 유람하고 기록한 수필 10편인 「증심사(證心寺)의 삼국보(三國寶)」, 「영장(靈場)의 천제(天帝)등」, 「초군(樵軍)의 민요(民謠)일절(一節)」, 「서석(瑞石)의 수정병풍(水晶屛風)」, 「암해(岩海)의 보조석굴(普照石窟)」, 「규봉암(圭峰庵)의 광석대(鑛石臺)」, 「와전(訛傳)된 지공너덜」, 「무등적(無等的) 최고지위(最高地位)」, 「원효성사(元曉聖師)의 유적(遺蹟)」, 「김장군(金將軍)의 충효리(忠孝里)」를 묶어 『무등산 기행』[113)]을 간행하였다.

최남선과 이은상은 기행문에 무등산을 유람하면서 느낀 자연에 대한 경외심과 찬사를 표현하고 있다. 유산기 속에는 산의 자연환경에 대한 오감(伍感)적 체험이 표현되어 있다. 최남선의 『심춘순례』의 글 전체가 무등산에 관한 내용은 아니지만, 무등산의 독특한 주상절리의 대표 경관인 서석대와 입석대의 시각적 형상에 대해 감탄한

112) 김순영, 앞의 논문, 2013. 14쪽.

113) 이 기행문은 1942년 영창서관에서 이은상의 저작들을 엮어 펴낸 문집인 『노산문선』에 수록 되어 있다.

내용이 주목된다. 특히 「성석림순례」는 서석대의 경관에 대해 다음과 같이 묘사하고 있다.

> 여기서 왼쪽으로 등성이를 타고 올라가니 좋게 말하면 수정병풍을 둘러쳤다고 하겠고 진실하고 거짓 없이 말하면 해금강 한 귀퉁이를 떼어 왔다하고 싶은 것이 있는데 바로 '서석'이다.[114]

최남선은 사람의 힘이 아닌 자연의 조화로 형성된 입석대를 보고 경탄하였다. 또한 사람들이 해변에 있는 돌무더기에 대해서는 감탄하면서도 무등산 입석의 가치를 아는 사람이 별로 없다는 사실에 대해 안타까운 감정을 다음과 같이 드러내고 있다.

> 모든 사람이 해변에 있는 총석(叢石)의 기이함을 칭송할 줄은 알지만 산꼭대기에 있는 이 돌무더기가 아직까지 몇몇 아는 사람들에 의해서만 칭송을 받고 있다는 사실은 아무리 물건이라 하지만 불운한 감이 없지 않다. 이만큼 기이한 돌은 물론 금강산에도 없는 것이려니와 그밖에도 입석대 위에 서서 전남 일대의 아주 아리따운 많은 산과 산봉우리를 쫙 내려다볼 때 멀리 보이는 경치는 진실로 아무 것과도 선뜻 바꿀 수 없는 하나의 살아 숨 쉬는 그림이다.[115]

한편 이은상은 최남선보다 늦게 무등산을 유람하고 그에 대한 감상을 『무등산 기행』에 적었다. 여기서 다루고 있는 내용은 최남선의

114) 김대현 외, 『국역 무등산유산기(無等山遊山記)』, 광주시립민속박물관, 2010, 215쪽.

115) 김대현 외, 위의 책, 2010, 216쪽.

『심춘순례』보다 더 다채롭다. 먼저 「증심사의 삼국보」는 증심사에서 직접 본 '금동석가여래입상', '금동보살입상', '철제비로자나 불상'이 절이 지닌 세 가지 보물이라는 점을 자랑스럽게 생각하는 내용이 중심을 이루고 있지만, 밤이 된 후 증심사 주변의 자연풍경과 시냇물 소리에서 느낀 깊은 감동도 표현하고 있다.[116)]

「영장의 천제등」에서는 약사암의 문화유산에 관심을 보이며 하늘에 제사를 지내던 천제단에 올라 무등산의 종교 · 문화적 가치에 대해 느낀 바를 남겼다. 「초군의 민요일절」에서는 다시 무등산의 자연으로 눈을 돌린다. 그는 이름만 남아 있는 '상암절터'로 추정되는 곳에서 경치를 감상하였고, '물통골'과 '용추폭포'에서는 소문만 듣고 혼자 상상하던 거대한 폭포가 아니었음에 실망한다. 그러나 곧이어 골짜기 전체가 은은하고 편안한 장소라는 사실을 파악하고 '경치'라는 것은 하나하나 떼어 놓고 볼 것이 아니고 전체를 한 번에 조망하여야 묘한 이치를 볼 수 있다는 소감을 표현하기도 하였다.[117)]

「서석의 수정병풍」에서는 최남선이 무등산 기행 중에 서석대를 보고 경탄하여 비유한 것과 똑같이 무등산 주상절리의 대표적인 형상인 서석대를 수정병풍에 비유하고 있다. 이은상은 서석의 아름다움에 대해 다음과 같이 묘사하고 있다.

116) 산사(山寺)에 밤 깊으니 물소리 더욱 차다
어지러운 온갖 생각 흘려 멀리 보내고서
눈감고 마을 머리를 손끝으로 만지노라(김대현 외, 위의 책, 2010. 241쪽).

117) 김대현 외, 위의 책, 2010, 246쪽.

금강산의 해금강을 바다의 서석산이라고 하고 서석산을 육지의 해금강이라고 한다면 아주 유명한 해금강을 본 사람은 짐작할 것이다. 돌을 그저 돌이라 부르지 않고 서석이라고 부른다는 것은 예찬의 뜻을 '서석(瑞石)'의 명칭에 표시한 것이다. 나는 이런 예찬을 과하게 보려는 사람이 아니기에 도리어 그런 예찬이 부족하다고 생각하고 싶다. 자연의 경치라고 하지만 이와 같이 좋을 때에는 하나의 신격대상으로 보게 된다. 이는 경치를 즐기는 이 시간에 내가 가지고 있는 마음에서 나온 생각이다.[118)]

'유산기' 작자들은 무등산 유람을 통해 원유(遠遊)의 이상을 실현하려는 소망을 담고 있다.[119)] 유산기는 당시의 유자(儒者)들이 품고 있던 사유체계를 파악하는데 중요한 자료가 될 수 있다.

한편 우리 선조들이 행사나 모임을 그림으로 기록한 계회도(契會圖)인 「성산계류탁열도(星山溪柳濯熱圖)」에서도 콘텐츠를 찾을 수 있다. 이 그림에서 표현된 탁열 풍속은 김성원(金成遠, 1525~1597)의 문집 『서하당유고(棲霞堂遺稿)』에 전하여지며, 이 「성산계류탁열도」의 도상을 바탕으로 사회적 배경과 인물의 행적을 알 수 있다. 이 그림은 목판에 새겨져 있는데, 1590년 여름날 무등산 성산 일대에 살고 있는 선비들이 식영정(息影亭)과 서하당(棲霞堂) 그리고 환벽당(環碧堂) 주위에 모여 당대의 탁열세시풍속(濯熱歲時風俗)을 즐기고 시회(詩會)를 여는 모습을 담고 있다. 목판 그림 다음에는 「탁열도 제현명록」이 실려 있어 참여했던 인물을 알 수 있는

118) 김대현 외, 앞의 책, 2010, 246쪽.

119) 김순영, 앞의 논문, 2013, 67~71쪽 참조.

데, 김복억(金福億, 1542~1600), 김부륜(金富倫, 1531~1598), 최경회(崔慶會, 1532~1593), 오운(吳澐, 1540~1617), 양자정(梁子渟, 1527~1597), 정암수(丁巖壽, 1534~?), 정대휴(鄭大休, ?~?), 김사로(金師魯, ?~?), 김영휘(金永暉, ?~?), 임회(林檜, 1562~1624)로 11명이 참석하였다.

도상의 정경은 위쪽 성산을 배경으로 두 정자가 다리를 사이에 두고 자연스럽게 이어져 있다. 계곡 양쪽에는 버드나무가 이어져 있고, 환벽당(環壁堂) 앞의 커다란 바위가 유난히 돋보인다. 한편 바위 위 노송은 여름 한낮의 더위를 그대로 전하기라도 하듯이 무기력하게 길게 늘어뜨려져 전체적인 분위기를 지배하고 있다. 오른쪽에 이층 형태의 누각으로 보아 당시 환벽당의 규모를 짐작케 한다.

갓 쓴 유생차림의 사람이 19명, 시종으로 보이는 사람이 16명으로 모두 35명이 등장한다. 유생들은 단정히 앉아 있으며, 시종들은 그릇을 가져다가 상을 차리는 등 자연배경이 적막한데 비해 분주한 모습을 보여주고 있다. 짐작컨대 이 목판 그림은 16세기의 탁열 세시풍속을 배경으로 전경이 묘사되어 있다. 성산 일대의 보편화된 풍속행사의 모습을 묘사한다. 1590년 여름에 김성원(金成遠)이 좌장이 되어 식영정(息影亭)에서 탁열행사(濯熱行事)를 열었던 것으로 보인다. 「성산계류탁열도」는 해마다 여름이면 성산일대에서 보편적으로 행해졌던 탁열 세시풍속의 모습을 담고 있다.[120]

120) 임준성, 「'성산계류탁열도' 재연 분석과 문화콘텐츠로서 가능성」, 『남도민속연구』 제25집, 2012, 204~206쪽.

〈그림 4〉『서하당유고』
출처 : 한국가사문학관

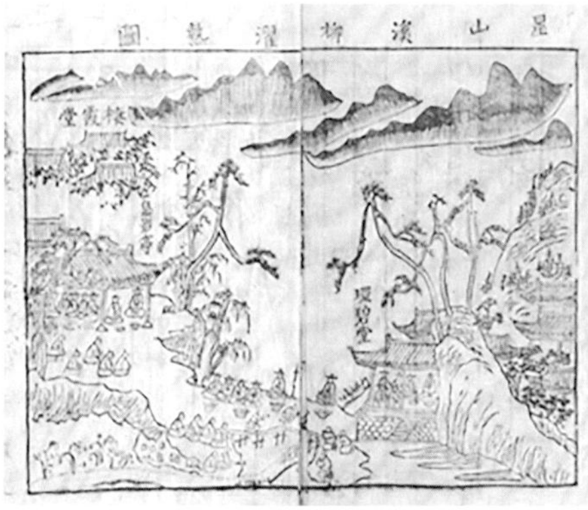

〈그림 5〉 목판 탁열도
출처 : 한국가사문학관

「성산계류탁열도」 목판 그림을 자세히 살펴보면 그날의 상황이 연상된다. 갓 쓴 유생이 저마다 정자와 다리에서 술상을 받아들고 서로 담소하는 모습이 나타나 있고, 정자 주변에 길게 늘어진 노송(老松)은 여름날의 한가로움을 더욱 돋보이게 한다. 술이 몇 순배 돌고 나면 흥에 겨워 시회(詩會)도 무르익었을 것이다.

옛날에는 여름 더위를 다스리는 방법으로 탁족(濯足)과 탁열풍속(濯熱風俗) 등이 있었다. 탁족이 계곡에 발을 담가 아래에서 올라오는 시원함을 즐기는 것이라면, 탁열은 여름 더위에 쇠해진 몸을 음식으로 보양하는 의미를 가지고 있다. 이 둘은 서로 병행하면서 개별적으로 이루어지기도 한다. 탁족은 중국 전국시대(戰國時代) 초(楚)나라 때 굴원(屈原)이 지은 「어부사(漁父辭)」에서 유래된 것이다.[121]

121) 滄浪之水淸兮。可以濯吾纓。滄浪之水濁兮。可以濯吾足。

탁족은 혼탁한 세상에 살면서도 선비의 고고한 자세를 유지한 채 강호자연에 묻혀 사는 삶을 상징한다.

탁열과 탁족은 도의가 실현되기를 바라는 도학적(道學的) 이상주의(理想主義)와 강호자연에서 풍류를 즐기려는 선비의 여름나기 행사였다. 탁족으로 여름날의 시원함을 만끽하면서, 탁열로 몸을 보양하는 등 정신과 육체를 온전히 하려는 적극적 행위를 엿 볼 수 있다. 선비의 '여름'에 대한 지혜를 엿볼 수 있는 생활상이라 할 수 있다.

〈그림 6〉 성산계류탁열도 재현 행사

〈그림 7〉 성산계류탁열도 재현 행사

무등산에 있었던 서봉사(瑞峯寺)에서 개최된 청회(淸會)는 은일거사(隱逸居士)의 생활상을 반영한다.

> 만력 48, 경신(1620)년 4월 20일 서봉사 모임에 젊은이와 어른들이 모두 모였는데 서늘한 바람이 불어오고 단비도 내렸다. 때마침 이날을 당하여 또 거문고와 피리가 있어 사람들의 깊은 회포를 활짝 열어주었으니 족히 제일 훌륭한 모임이라고 할만하다. 모두의 성명을 기록하였으니 역시 중국 영화(永和)년간에 있었던 난정고사(蘭亭故事)라고 할만하다. 뒷날 이 기록을 열람하면 그 나름대로 느낌이 없겠는가?[122]

122) 萬曆四十八年。庚申之歲四月之廾。會于瑞峯寺少長咸集。惠風甘雨。適值是日。且有琴笛令人暢幽。足謂一勝。編記姓名。亦永和蘭亭之事也。後之覽者

또한 무등산의 세시풍속 자료를 통해서도 생활상을 엿볼 수 있다. 음력 3월 3일은 '삼짇날'이라 한다. 강남 갔던 제비가 옛집을 찾아오고, 첫 나비를 볼 수 있는 날이다. 날씨가 풀려 산과 들에는 꽃이 피기 시작하며, 부녀자도 시집살이의 굴레를 잠시 벗어나 하루를 즐기는 화전놀이를 즐겼다.[123] 진달래 꽃잎에 찹쌀가루를 반죽하여 참기름에 전을 부쳐 먹으면서 놀던 전통의 민속놀이였다.

무등산에서도 날씨가 화창해지면 많은 사람들이 증심사 계곡이나 인근 지산동 딸기밭을 찾았다. 제각기 좋아하는 음식을 정성껏 마련한 후 북과 장고에 맞추어 노래를 부르며 봄철의 하루를 즐겁게 지내는 것이 관례처럼 되었다.

> 옛날에는 광주목의 관원들도 무등산에서 화전놀이를 즐겼다고 한다. 무등극장 부근인 광주 동헌에서 목사를 비롯한 관원들이 날을 받아 음식을 마련하고 삼현육각(三絃六角)을 갖추어 무등산으로 화전놀이 행차를 떠난다. 놀이를 시작하기 전에 목사는 일행을 모아 놓고 "제자는 환난상구하고 덕업자조로써 화친돈목하고 상부상조하라"는 훈시로 놀이의 시작을 선포했다. 참석자 모두는 각기 동편과 서편으로 나누어 서로 자리에 앉으면 엄격한 예의 법도에 따라 좌중에서 자작시를 읊으면서 비로소 술잔이 돌아가게 된다. 화전놀이를 끝내고 돌아올 때는 미리 준비한 청사초롱에 불을 밝히고 '지화자'를 구성지게 연창하면서 성안으로 돌아오는데 그 모습이 장관이었다고 한다.
>
> 학생들의 무등산 소풍은 1990년대 후반까지 계속되었다. 광주 지역 학생들이 싫증을 느끼도록 자주 갔던 소풍장소가 바로 무등산이었다.

其無感焉。(『數竹集』, 瑞峯寺淸會記).

123) 박선홍, 앞의 책, 2008, 147쪽.

인기 있는 장소는 제4수원지 주변의 공터와 쉼터였다.[124]

〈그림 8〉 무등산 화전놀이

〈그림 9〉 무등산 물맞이

한편 무등산은 무더운 여름이 찾아오면 과거에서 지금에 이르기까지 더위를 이겨내려는 물놀이 인파가 몰려든다. 가장 무더운 음력 6월에는 음식을 준비하여 물맞이를 즐겼는데, 무등산의 폭포수를 맞으며 더위를 식혔다.

최남선의 『朝鮮常式(조선상식)』 「風俗(풍속)」편에 따르면 유두날의 물맞이 장소로는 서울 정릉계곡, 광주 무등산 물통폭포, 제주도 한라산 성판봉폭포가 유명하였다. 이러한 명소에는 주로 여자들이 끼리끼리 모여들었는데, 여염집 부녀자들은 흰 차일을 쳐놓고 머리를 감고 몸을 씻으면서 하루를 지냈다. 이렇게 흐르는 물에 몸을 씻는 것은 물의 정화력을 이용해 심신의 더러움을 씻어내고 몸을 깨끗하게 하는 행위로(

124) 광주광역시청, 『무등산 웹생태박물관』(https://geopark.gwangju.go.kr/mudeung/).

중략)[125]

무등산 인근의 노루목적벽에서는 1970년대까지 낙화(落火)놀이가 행해졌다. 적벽 낙화놀이는 동네 꼬마부터 늙은 할머니까지 모든 사람이 즐겼던 놀이였다. 마을 사람은 낙화놀이를 보기위해 해가 기울면 강변으로 나와 놀이를 구경하였다. 돼지고기와 막걸리 등 먹을거리도 풍성하고 풍물이 어우러진 축제라 할 수 있다.

> 놀이가 행해지기 시작한 조선 중기에는 매년 4월 초파일날 부처의 공덕을 기리기 위한 불교행사로서의 성격이 강했다. 하지만 조선 말기부터는 벼슬아치들의 풍류놀이가 되어 수시로 행해졌다 한다. 전해오는 얘기 중의 하나로 그 불쏘시개 모양은 '용'을 만드는 것이라고도 한다. 적벽 아래에는 승천하지 못한 이무기가 사는데 용 모양의 달집을 태워 던짐으로써 이무기를 달래고 복을 비는 것이라는 얘기이다.[126]

3) 종교 지향 유형

무등산은 광주와 전남의 진산이며, 오랜 세월 신성한 공간으로 여겨지며 사람의 숭배를 받았다. 진산(鎭山)은 도읍지나 각 고을에서 그곳을 진호(鎭護)하는 주산으로 정하여 제사하던 산이라는 의미이다. 조선시대에는 동쪽의 금강산(金剛山), 서쪽의 묘향산(妙香山), 남쪽의 지리산(智異山), 북쪽의 백두산(白頭山), 중앙의 삼각산(三角

125) 국립민속박물관, 『한국민속대백과사전』(http://folkency.nfm.go.kr).

126) 광주정보문화산업진흥원, 『무등산 웹생태박물관』(http://www.mudeung.org).

山)을 오악(五嶽)으로 부르며 주산으로 삼았다. 그리고 각 지역에서도 특정 산을 진산 혹은 주산으로 삼았는데, 전남지역에서는 무등산(無等山)과 금성산(錦城山)이 대표적인 진산이었다. 역사기록을 보면 무등산 역시 하늘을 경배하는 다양한 의례가 거행되었고 무속·불교·도교 등 신앙과 종교의 거점이 되기도 했다.

무등산은 지명을 통해서도 종교적 지향성을 알 수 있다. 무등산이 '무당산'으로 불린 적이 있었는데, 실제로 증심사 뒤쪽에 '무당골'이라고 부르던 골짜기가 자리한다. 수년 전까지만 하더라도 깃발을 나부끼면서 무당의 움막들이 듬성듬성 있어 이곳에서 무당들이 내림굿을 하기도 했다.[127] 여기서 무당산은 '무당'에서 나온 것으로 무등산의 신령스러운 기운과 영험함을 믿는 사람들이 무등산을 '무당산'으로 부른 것이다. 불교가 우리나라에 전래되기 전에 있었던 원시종교에서 싹텄던 '당산'의 신앙이 곧 무등산을 '큰당산'으로 삼게 했고 이것을 근거로 '무당산'이라 불렀던 배경이 되었다.[128] 또한 무등산의 산악신앙과 관련된 기록이 남아있다. ㄱ 내용은 다음과 같다.

> 원종(元宗) 14년에 탐라(耽羅-제주도)의 삼별초(三別抄)를 토벌할 때 무등산(無等山)에 있는 산신이 은근히 도와 준 징험이 있다 하여 해마다 제사 지낼 것을 명령하였다.[129]

> 사직단(社稷壇)은 현의 서쪽에 있다. 문묘(文廟)는 향교(鄕校)에 있

127) 표인주·조정규, 『무등산권 무속신앙의 공간』, 민속원, 2011, 15쪽.
128) 표인주·조정규, 위의 책, 2011, 15쪽.
129) 『高麗史』 63, 禮5 吉禮 雜祀 元宗 14年.

다. 무등산 신사(無等山神祠)는 현의 동쪽 십 리에 있다. 신라 때는 소사(小祀)를 지냈으며, 고려 때는 국제(國祭)를 올렸다. 동정원수(東征元帥) 김주정(金周鼎)이 각 관청의 성황신(城隍神)에게 제사를 지낼 때 차례로 신명(神名)을 불러 신의 기이함을 경험했다. 그런데 이 광주의 성황신이 직접 영험하게 큰 깃발의 방울을 세 번 울려 응답하였다. 이에 김주정이 사실을 보고하자 조정에서 작위를 봉했다. 지금 조정에서는 광산 고을에 명하여 봄 · 여름 제사를 드리도록 하였다.[130)]

여몽연합군이 일본을 원정할 때 고려군의 지휘관 김주정(金周鼎)이 출전에 임하며 승리를 기원하는 제사를 올렸는데, 광주의 무등산신이 깃발에 달린 방울을 세 번이나 울리는 신통력을 보였다고 한다. 김주정(金周鼎)이 조정에 이 사실을 보고하여 무등산신의 봉작을 주도록 특별히 요청한 내용이 중심을 이룬다.

천제단(天祭壇)[131)]은 국태민안(國泰民安)을 기원하거나 기우제를

130) 無等山神祠。在縣東十里。新羅爲小祀。高麗致國祭。東征元帥金周鼎。祭名官城隍之神。歷呼神名 以驗神異。州城隍鳴纛鈴。周鼎報于朝。封爵焉。(『新增東國輿地勝覽』 권35, 光山縣 祀廟無等山神祠).

131) 무등산 신사는 『신증동국여지승람(新增東國輿地勝覽)』에 따르면 광산현 동쪽 10리에 위치한 것으로 되어 있다. '1872년 지방지도'에 증심사 상원암 뒤쪽 15리에 천제단(天祭壇)이 그려져 있다. 현대의 지형도와 지적도에도 광주광역시 동구 학운동 관할 운림동, 지원동 관할 용연동, 북구 석곡동 관할 금곡동 경계가 되는 곳에 천제단이 표시되어 있다(김경수, 「광주광역시」, 『대한지명유래지』, 국토지리정보원, 2010, 108쪽), 여러 문헌과 지도 등에 기록된 무등산 천제단에서 대략 현재의 천제단을 말하는 데, 과연 이곳에서 역사 대대로 제사를 지냈던 곳인가는 좀 더 세밀한 검토가 필요하다. 실제 역사적으로 국가 차원, 고을 차원에서 올린 무등산에 대한 숭사(崇祀)가 점차 시들해지면서 제를 모시던 장소도 변화가 있을 수 있기 때문이다(서해숙, 「무등산 숭사의 전통과 현대적 계승」, 『남도민속연구』 제24집, 2012, 91쪽).

지냈던 장소이다. 신라 때 소사(小祀)를 올렸던 곳으로 전해지고 있고, '산악신앙'의 구심적 역할을 하였다.[132] 다음과 같은 기우제를 지냈던 제문이 전해지고 있다.

> 삼가 우리 신명께옵서 이 땅의 주인이시니, 큰 구렁은 우레를 감추었고 높은 뫼는 안개를 뿜어내어, 기도함이 있으면 이에 응험하신다. 영험스런 그 응험 어김이 없으니, 비록 지난해에 가뭄 들어 호남 땅이 모두 붉게 탔을 때도 다만 이 한 고을만은 경작에 어그러짐 없어, 유리전전(遊離輾轉) 면하였네. 이 누구의 힘이런가.[133]

다음은 무당과 관계된 여러 기록에 나와 있는 내용을 정리할 수 있는데, 먼저 다산 정약용이 형제들과 무등산을 유람할 때 만났던 무당과 대화 내용을 살펴보자.

---

132) 서해숙, 위의 논문, 2012, 86쪽.

133) 伏以五月之旱。猶可爲也。七月之旱。不可爲也。斯老農之恒言。實痛迫之苦辭也。恭惟神明。玆土之主。巨壑藏雷。高嶂洩霧。有禱斯驗。靈應不忒。雖以上年之旱全湖地赤。惟玆一邑。不違耕作。得免流轉。伊誰之力。迄于今歲。神施益普。來牟大熟。跛躄鼓舞。播種以時。禾穀奮張。農功垂畢。節近登場。方將牲酒惟馨。賽我明靈。奈何流火之辰。驕陽愆候。今日不雨。明日不雨。十日已久。況又倍之。芃芃者槁。翼翼者萎。高者以焦。濕者以坼。不苗則已。苗者可惜。旣苗而秀。胡不實之。比如九仞之山。一簣便虧。八珍之饌。近口還奪。斯固吾人之所腐心。鬼神之所矜　恤者也。卑職受命朝廷。爲吏于玆。慢神病民。罔敢恣爲。如或有罪。罪實在身。降此大災。何辜于民。嗚呼。隱隱靈壇。明神其臨。芬芬黍稷。明神歆之。旣靈于古。今何獨異。玆竭微誠。冀蒙神賜。宜揮半腹之雲煙。亟洒滿空之銀竹。一日甘霔。蘇我百穀。(『海峯集』 海峯集卷之三, 祭文).

> 서석산은 험준하고 커서 이 산은 7개의 군(郡)·현(縣)에 걸쳐 있다. 이 산의 정상에 오르면 북쪽으로는 적상산(赤裳山)이 바라보이고 남쪽으로는 한라산이 멀리 보인다. 그리고 월출산(月出山)과 송광산(松廣山) 같은 산은 모두 어린 자식이나 손자 격이다. 위에는 13개 봉우리가 있는데 항상 흰 구름이 둘러 있다. 여기에 사당(祠堂)이 있는데 무당이 맡고 있다. 그 무당이 말하기를 "벼락과 번개, 구름과 비의 변화가 항상 이 산의 허리에서 일어나서 자욱하게 아래로 내려가는데, 산 위에는 그대로 푸른 하늘입니다."[134]

또한 김창흡(金昌翕)의 『남유일기(南遊日記)』에서 서석대 아래 부분을 묘사하면서 무당과 관련된 내용을 기록하고 있다.

> "동봉(東峯)의 원석은 바로 무당들이 굿을 하는 곳이다. 널려진 음식이 어지러워 눈길을 머물러 두고 싶지가 않았다. 봉우리 밑에는 집들이 줄지어 있는데 모두 무당들이 굿을 하는 곳이다. 그 면목을 보니 죄다 귀기(鬼氣)를 띠고 있어 경악스러웠다."[135]

최남선(崔南善)의 『심춘순례』에서 보면 무등산에 올라 실제 숭사한 장소를 찾으려 했던 것 같다. 최남선은 '무등산을 전반적으로 숭사할 때는 무등산 상봉 바로 밑의 반원형 제단 또는 너덜 속의 방형

134) 瑞石之山。峭崒磅礴。根之據郡縣者七。登其頂。北可以望赤裳。南可以眺漢拏。而月出松廣之屬。皆兒孫也。上有十三峯。常有白雲護之。有祠焉。巫典之。其言曰雷霆雲雨之變。常自山腰起。濛濛然推轉向下。而山上且靑天矣。(『茶山詩文集』 권13 記).

135) 東峰圓石。卽巫覡賽神處。鋪飯狼藉。殆不欲留目。峰底列屋。皆巫覡所住。觀其面目。皆帶鬼氣可愕。催輿西轉至圭峰。(『남유일기』).

영치였을 것이나 각 고을마다 자기네 경계에서 제사를 모시게 되었다.'라고 하였듯이, 그 의지를 찾을 수 있다.[136)]

최남선이 무등산에서 제사를 지냈던 곳의 하나로 상봉 바로 밑의 반원형 제단 또는 너덜 속의 방형 영치를 언급했는데, 실제 그곳에는 '산신단'이 자리하였다. 산신단은 지공너덜의 보조 석굴에서 정상 쪽을 향하여 약 200m 거리에 있으며 해발 약 970m에 위치했다.[137)] 너덜의 석재를 그대로 이용하여 제단을 축조하고 그 주위에 탑을 쌓았다. 민간의 기복처(祈福處)로서 등산로가 폐쇄되기 전까지만 하더라도 봄 · 가을에 제를 올리는 사람들이 모여들어 저녁만 되면 장관을 이루었다고 한다. 길이 끊기고 찾는 이가 줄어들면서 돌탑이 풍우에 무너져 불과 몇 개만 남아 있었을 뿐이다.[138)] 산신단에서 제를 모시는 것 외에 천왕 · 지왕 · 인왕의 삼봉에도 각각 천제와 기우제를 지내는 제단이 있었고 백마능선에서는 갈대제를 모셨다고 한다.[139)]

구비자원을 통해서도 종교 지향 유형의 스토리가 확인된다. 이성계(李成桂)의 조선건국과 전씨(全氏)의 사성(賜姓)에 관한 설화가 참조된다.

> 이성계는 고려를 무너뜨리고 새로운 왕국을 세울 꿈을 가지고 전국 산천의 신들에게 허락을 받기 위해 찾아다녔다. 하루는 무등산 꼭대기

136) 김대현, 앞의 책, 2010, 219쪽.

137) 서해숙, 앞의 논문, 2010. 91쪽.

138) 광주광역시 · 향토문화개발협의회, 앞의 책, 1988, 273쪽.

139) 박내경, 「무등산 천제단 개천제 신앙고」, 『남도민속연구』 제11호, 남도민속학회, 2005, 25쪽.

에 올라 무등산 여신에게 조선을 세우도록 허락을 해줄 것과 건국에 도움을 줄 것을 간절히 빌었다. 그러나 여신은 한마디로 거절했다. 역성혁명을 용인할 수 없다는 것이었다. 바위에 걸터앉아 낙심을 하고 있는 이성계 앞에 한 사람이 잘 차려진 음식상을 가지고 나타났다. 여신의 허락을 받지 못해 허탈하기는 했지만, 산에 오르느라 한참 시장한 이성계 앞에 잘 차려진 음식은 꿀맛이었다. 이성계는 음식을 먹으면서 찾아온 사람에 대해 물었다. 그는 대답하기를 자신은 왕씨인데, 운세를 보니 이씨의 나라가 설 것이 확실하고, 그래서 고려가 망하면 자신의 집안 역시 멸문지화를 당하게 생겼으니 제발 목숨을 구할 방도를 일러달라는 것이었다. 이성계는 하도 말이 간곡하고 행위가 기특해서 그럼 성을 바꾸라고 했다. 그 자리에서 이성계는 왕(王)자에 사람 인자를 더해 전씨(全氏)로 사성을 해주었다고 한다.[140]

김방 설화에서는 가뭄과 재해로 인해 어려움을 당한 민중을 위해 증심사와 오백나한을 중건하게 된 내용이 아래와 같이 확인된다.

조선 세종 때 광주 덕림 태생으로 김방이라는 사람이 있었는데 당시 광주는 가뭄이 잦은 곳이었다. 그래서 김방은 경양방죽 축조공사를 진행했다. 크게 못을 파서 무등산에서 흘러내린 물을 광주천에 고이게 하고 이 물을 끌어들여 가뭄에도 농사를 지을 수 있게 하기 위함이었다. 2년간의 노력 끝에 경양방죽을 만들어 놓았지만 그해부터 3년간 계속 가뭄이 들어 굶주리는 백성들이 날로 늘어갔고, 이를 괴로워 한 김방은 사흘 밤낮 식음을 전폐하고 하늘을 우러러 비가 내리기를 기원했다.

기우제를 마친 날 김방의 꿈에 관음보살이 나타나 '가뭄을 막으려면 증심사를 중건하고 오백전을 짓고 그곳에 오백나한을 봉안하라'라고

140) 지춘상, 『구비문학대계』 6-2, 정신문화연구원, 1981, 739~741쪽.

명한다. 불심이 깊었던 김방은 부처님의 계시임을 깨닫고 서둘러 증심사 중건과 오백나한 조성에 나섰는데, 이 성스러운 일에 부정이 탈까봐서 스스로 육식을 금하고 손수 공사 현장에서 일꾼들을 격려했다고 한다. 그러던 어느 날 궁중에서 낮잠을 자던 세종대왕의 꿈에 닭들이 나타나 광주의 김방이 역모를 꾀하고 있다고 하였다. 꿈에서 깬 세종이 금부도사를 불러 김방을 잡아 올 것을 명하였다. 금부도사는 병사들을 이끌고 광주에 도착하였지만 학운동 홍림교에 이르자 웬일인지 말들이 발에 못이 박힌 듯 땅에 붙어 움직이지 않았다.

그날 밤 세종대왕의 꿈에 사미승 수백 명이 나타나 김방은 역모를 꾀하는 것이 아니라 백성들을 위해 오백나한상을 건립하려고 하는 것이라는 상소를 올렸다. 꿈에서 깬 세종대왕이 어명을 거두어들이자 그제야 말들이 움직이기 시작했다.[141)]

〈그림 10〉 회룡고조지명혈

〈그림 11〉 배재마을

또한 다양한 풍수신앙을 반영하는 스토리자원도 전해진다. 김덕령 묏자리와 관련된 설화 '달걀과 회룡고조지명혈'과 '용소설화' 등이 해당된다. 일본인은 무등산을 풍수지리적으로 '장군대좌형국'이라

141) 박선홍, 앞의 책, 2008. 374~376쪽.

여겨 장차 일본을 물리칠 장군이 탄생할 것을 우려하였다. 이에 쇠말뚝을 박았다고 전해지는 '일제와 쇠말뚝' 관련 설화도 동일한 유형에 해당된다.

4) 정서 중심 유형

정서적(情緖的) 중심 유형의 스토리자원은 감성(感性)을 포함하는 문화적 정서를 소재로 한다. 사람들의 정서(情緖)에 내재된 '한', '보은', '신명' 등이 스토리자원에 깃들어 있다. '한'과 '흥', '보은', '신명' 등의 정서(情緖)가 깃든 스토리자원은 전국 어디에서도 비슷한 구조를 지닌다. 이런 원형스토리는 정서적인 보편성을 갖추고 있어 그것을 수용하는 수용자와 쉽게 교감할 수 있다.

문화와 정서의 상관관계에 대해 살펴보면 정서는 타고난 생리적 반응인 동시에 사회문화적으로 어떤 상황에 대한 능동적인 학습에 의해 만들어진 인지적 반응이기도 하다. 또한 정서는 사회 구성원 사이에 공유되고 합의된 반응이며, 문화적 반응으로 문화와 정서는 서로 상관관계를 맺고 있다.

무등산 스토리자원에서 정서 중심 유형의 설화 중 가장 많은 내용은 '보은(報恩)'을 소재로 한다. '증심사가 세워진 내력', '두꺼비의 보은', '개미의 보은으로 짓게 된 경양방죽' 등이다. 시대적 권선징악적 성격이 분명하고 공동체 생활에서 서로를 도와주는 생활적 심상(心象)이 반영된 설화라 할 수 있다.

특히 '보은담' 설화는 동물이 소재로 등장한다. 동물의 보은담(報恩談)과 복수담(復讐談) 및 기타 동물 설화로 나눌 수 있다. 무등산의 동물 설화도 보은담이 주를 이루고 있다. 아래의 설화는 두꺼비, 호랑이, 구렁이가 소재이며, 그들에게 호의나 은혜를 베푼 인간에게 보답을 하는 것을 주 내용으로 하고 있다.

무등산 계곡에 사는 순이 모녀가 배고픔에 굶주린 두꺼비를 구해주었다. 순이네 마을에는 뒷산 굴속에 사는 괴물에게 여자아이 하나를 바치며 제사를 지내는 습속이 있었다. 순이를 바칠 차례가 되었을 때 두꺼비가 괴물 지네와 싸워 물리친 후 두꺼비는 목숨을 잃게 되었다.[142]

경양방죽을 축조하던 해에는 나라에 가뭄이 심하여 인부들은 헐벗고 굶주렸다. 전라감사 김방(金倣)은 경양방죽 공사현장 무너진 흙더미에서 개미집을 발견하였는데 집을 잃고 헤매는 수많은 개미떼가 가여워 무등산 장원봉 기슭에 옮겨 주었다. 다음날 밤부터 며칠 동안 김방의 뜰에는 산더미처럼 쌀이 쌓여 있었다. 바로 살려준 개미들의 보은이었다. 이 쌀로 공사장의 인부들을 배불리 먹일 수 있었고 경양방죽도 무사히 완공될 수 있었다.[143]

무등산 아래 마을에 사는 효심 깊은 처녀가 부모님을 봉양하기 위해 나물을 캐러 무등산에 갔다가 호랑이 새끼들을 보고는 귀여워서 쓰다듬으며 놀아주었다. 어미 호랑이 나타나자 놀라서 나물바구니를 던져두고 부리나케 집으로 도망쳤다. 다음날 아침 밖에 나가보지 나물이 가득 든 바구니가 집 마당에 놓여 있었고 그 속에는 산삼 두 뿌리도 들어있었다. 예부터 호랑이는 자기에게 잘해주는 사람에게는 그것을 도로 갚았다.[144]

142) 고산연구회, 앞의 책, 1990, 45~46쪽.

143) 광주시립민속박물관, 앞의 책, 1990, 50~52쪽.

144) 전국문화원연합회광주광역시회, 앞의 책, 2005, 272~274쪽.

옛날 무등산 아래 어느 마을에 한 아이가 살았는데, 그 아이는 새끼 구렁이를 먹여 살리기 위해 식사 때마다 자신의 밥 절반을 떼어 마루 밑으로 던져주었다. 세월이 흘러 그 아이가 커서 장가를 가게 되자 구렁이는 자기도 함께 데려다 달라고 하였다. 신랑은 처음에는 거절하였지만 구렁이가 애원을 하자 할 수 없이 몰래 숨겨 데려갔다. 결혼 첫날 밤 신랑과 신부가 잠이 들었는데, 괴한이 칼을 들고 신방에 들어가려 하였다. 그때 구렁이가 잽싸게 그 사람의 몸을 감아 넘어뜨렸고, 그 소리에 잠이 깬 신랑은 괴한이 신부와 오래전부터 정을 통하며 지내온 사람이라는 것을 알게 되어 구렁이와 함께 집을 나왔다. 구렁이는 이런 일이 있을 줄 미리 알고 은혜를 갚기 위해 따라온 것이었다. 이후 둘은 친형제보다 더 깊은 우애를 나누고 서로 의지하며 오래오래 잘 살았다고 한다.[145)]

우리나라의 동물설화에 주로 등장하는 소재는 호랑이 · 뱀(구렁이) · 소 · 말 · 개 · 고양이 · 여우 · 닭 · 지렁이 · 두꺼비 · 지네 · 솔개(매) · 비둘기 · 거북(남생이) · 잉어 등이다. 특히 호랑이 · 뱀(구렁이) · 소 · 말 등이 등장 빈도가 높은 편이다.[146)] 무등산의 동물설화도 동일한 유형에 해당된다. 한편 무등산의 동물설화는 서식하는 동물의 특성을 설명하기보다는 선인의 동물숭배 사상이 반영되어 있으며, 사람과 동물이 불가분의 관계 속에서 공존한다는 사실을 강조한다. 또한 사람과 동물이 고귀한 사랑을 나누면서 서로 '보은(報恩)'하는 구조로 스토리가 구성되어 있다.

이상과 같이 무등산의 스토리자원에 대한 현황을 통해 연구범위

145) 전국문화원연합회광주광역시회, 앞의 책, 2005, 276~278쪽.

146) 광주민속박물관, 『광주의 설화』, 광주민속박물관, 2001, 310쪽.

를 설정하였으며 자원 유형에 대한 체계를 통해 스토리자원을 분류하여 보았다. 이에 분류된 스토리자원을 정리하여 보면 〈표 8〉과 같다.

〈표 8〉 무등산 스토리자원의 유형 분류

분류	구분	스토리자원
지리적 담론 유형	지명획득 유형	태무덤, 제철유적지 주검동, 도원마을 용소의 유래, 지공너덜의 영험, 이성계와 조선건국, 증심사가 세워진 배경, 서오층석탑, 경양못의 유래, 충효동의 유래
	지명설명 유형	삼밥실 유래, 지공너덜, 저승굴, 아들바우, 덜걱바우, 쇠몰바우굴, 송도바위, 호랭이바우(청옥동), 치마바우, 시검바위, 문바위, 뜀바위, 말바우, 장원봉, 호랭이바우(금곡동), 귀신바우, 풍혈대, 벼락바우, 선독, 저승굴, 쇠몰바우굴, 금산과 금산성, 잣고개, 장불재, 중머리재, 꾀재, 배재, 한품잇재, 바람재, 늦재, 너릿재, 배고픈다리
역사적 담론 유형	영웅생애 유형	김덕령과 태몽, 김덕령의 태몽과 어머니, 이치장군대 달걀설화, 김덕령과 뜀바위, 환벽당 참새, 김덕령과 용마, 덕령의 누나, 김덕령의 효심, 김덕령과 곽재우, 김덕령과 유성룡, 연화와 덕령, 옥녀봉과 김덕령의 사랑 익호장군, 김덕령과 왜군, 김덕령과 진주 목책성, 오누이 힘내기, 김덕령과 부인, 유성룡의 모함, 김덕령의 죽음, 김덕령의 장모
	인물활동 유형	김삿갓, 정약용, 은원충, 이발의 아들, 왜승 신옥, 김대기의 삶, 허백련, 이성계와 정몽주, 송강 정철과 용소

<table>
<tr><td rowspan="2">사회적 담론 유형</td><td>사건발생 유형</td><td>차라대의 몽고 침입, 왜의 침투, 성숙형제의 상소, 도적의 토벌, 전라도 절도사 허종의 도적 토벌, 일본의 침탈에 맞선 의병장, 3.1운동의 결집장소, 무등산 타잔 박흥숙</td></tr>
<tr><td>생활 상반영 유형</td><td>유산기, 유서석산기, 유서석록, 유서석산기, 유서석산기, 유무등산기, 서석록, 서석속록, 서석산기, 서석록, 신묘유서석록, 서석유람기, 등서석산기, 서석록, 유서석산기, 유서석기, 서석기, 서석산기, 서석산기, 심춘순례, 무등산 기행, 김성원의 서하당 유고의 도상자료 성산계류탁열도, 서봉사 청회, 화전놀이, 물맞이, 낙화놀이</td></tr>
<tr><td rowspan="2">사회적 담론 유형</td><td>종교지향 유형</td><td>무등산의 명칭유래(무당골), 삼별초 토벌과 무등산신, 김주정의 상소, 천제단과 소사, 기우제문, 정약용의 무당과의 대화, 김창흡의 서석대 묘사, 최남선과 산신단, 전씨의 사성전설, 김방과 오백나한, 배재마을의 풍수, 장군대좌의 쇠말뚝, 무등산과 원광법사</td></tr>
<tr><td>정서중심 유형</td><td>증심사가 세워진 내력, 두꺼비의 보은, 개미의 보은으로 짓게 된 경양방죽, 순이 모녀와 두꺼비, 호랑이의 보은, 구렁이의 보은, 개미 허리가 잘룩해진 사연, 효자 느티나무, 비둘기의 보은, 노루의 새끼 사랑</td></tr>
</table>

III

무등산 스토리자원의 이미지와 활용가치

Ⅲ. 무등산 스토리자원의 이미지와 활용가치

1. 무등산의 전통적 문화원형 이미지

무등산은 자연의 위험 앞에 적절한 대처도 하지 못하는 인간에겐 모태처럼 든든하며 여러 가지 위험스런 상황에서 인간을 지켜줄 수 있는 대상으로써 뿐 아니라 천부지모(天父地母)[147]로 여겨, 산을 하늘과 연결할 수 있는 통로로 생각하였다. 이런 전통적인 자연주의 세계관은 산을 모성적 귀소 및 성스런운 대상으로 인식하였다.

사람들의 사유에 대한 지평이 넓어지고 이성 및 과학적 사유를 통

147) 민간신앙의 바탕에 깊게 깔려 있는 인식으로, 신화를 숭배하던 시대에는 하늘을 아버지로 땅을 어머니로 여겼다. 특히 한국의 건국신화에 공통적으로 나타나고 있는 상징소의 하나인데, 존재론적 측면에서 중요성을 가진다. 바로 우리 민족이 존재의 전체를 바라보는 하나의 척도였던 것으로 보인다 (나경수, 『한국의 신화』, 한얼미디어, 2005, 148쪽).

해 세상을 보는 태도도 점차 변화하여 무등산은 단순한 자연적 대상물만이 아닌 탈속의 대상으로 확대 해석되었으며, 유람과 놀이의 공간이라는 산에 대한 인식은 인간적 세계관을 바탕으로 다양한 이미지를 제공하고 있다. 또한 무등산은 오랜 기간 호남정신을 상징하는 역사적인 공간으로 의연하게 그 자리를 지키고 있으며, 산과 함께 삶을 영위하는 사람의 의로운 존재 혹은 해원의 공간이 되고 있다.

이런 전통적 담론 형성의 무대가 된 무등산은 다양한 문화원형 이미지를 반영하는 스토리를 갖고 있다. 본 장에서는 그동안 전해 내려오는 산에 대한 전통적 이미지를 바탕으로 형성된 스토리자원을 분석함으로써 무등산이 가지고 있는 문화원형의 이미지를 파악하고자 한다.

가. 생명의 태반으로서 모성 이미지

무등산 스토리자원이 어떤 의미를 갖고 있으며, 어떠한 역할을 담당했는가의 문제는 쉽사리 규정하기가 어렵다. 이를 해명하는 데는 여러 방법이 있겠지만 우리 조상의 의식에서는 산을 어떻게 접근하고 인식했는지에 대한 전통적인 담론을 알아보는 것이 핵심에 접근하는 방법이 될 것으로 생각된다.

무등산 그 자체가 스스로 특정 이미지를 형성하거나 창출하여 인간에게 보여주는 것이 아니라, 산과 오랜 역사를 함께 살아온 인간의 모습과 분위기 등 복합적인 요소가 일정한 이미지를 형성하는 요건이 된다고 할 수 있다.

산이 갖고 있는 다양하고 기이한 형상과 그것에 반응하는 사람의 심리적인 상태도 이미지를 만들어 내는 요건으로 작용한다. 사람 스스로가 산에 대한 의미를 자의적으로 창출하고, 그 의미를 다시 대상에게 부여한 뒤 체계화하여 마음속에 저장해 오고 있다.[148] 따라서 무등산의 이미지를 탐색하기 위해서는 산에 대한 오랫동안 내려오던 전통적인 사고와 인식을 이해할 필요가 있다.

사람들이 산에 대하여 가졌던 전통적인 감정은 고향이나 의지하고 싶은 어머니에게서 느끼는 '평화스러움'과 '평온함'이다. 이는 사람이 산에 대하여 갖는 여타의 모든 감정에 우선하는 가장 본원적인 감정이다. 산은 누구에게나 태어나고 자란 고향이며, 동시에 죽음 이후 영원한 휴식처라는 생각이 뿌리박혀 있다.[149]

이런 생각들은 세월의 흐름과 생활양식의 변모에도 불구하고 변하지 않은 전통적인 산악관(山岳觀)의 근간을 이루고 있다.

산은 사람에게 안식과 안정, 평화와 평온, 진취성과 적극성, 생명감과 약동감, 충만감과 신선감을 느끼게 한다. 안정과 평화와 평정과 아늑함의 정서는 사람이 자신을 존재하게 한 고향이나 어머니에게서 얻을 수 있는 정서와 비슷한 양상을 띤다.

사람은 오래 전부터 생명의 근원이라 여기면서 산을 섬겼다. 이러한 집단 무의식적 사고는 많은 시조신이 산에서 탄생되는 배경이 되었으며, 고전 소설의 주인공까지도 산에서 기도를 통해 탄생하게 된 사례가 있다. 『춘향전(春香傳)』에 보이는 기도 장소는 지리산 반야봉(般若峰)이며, 『유충렬전(劉忠烈傳)』에 반영된 기원과 기다림의

148) 박성의, 『韓國文學背景硏究』下, 삼우사, 1976, 724쪽.

149) 최정호, 『산과 한국인의 삶』, 나남, 1993, 50쪽.

장소는 남악(南岳) 형산(衡山)이다. 『정을선전(鄭乙善傳)』의 발원 장소 역시 봉래산(蓬萊山)이며 『박씨전(朴氏傳)』의 기도 장소도 금강산(金剛山)이다. 그 외에도 '배비장'은 한라산(漢拏山)과 관계가 있고, '숙영낭자'나 '콩쥐팥쥐'의 출생지도 산과 관련이 있다. 또 고려 태조왕건의 모친이 부소산(扶蘇山)에 나무를 심은 결과 왕건을 낳았다는 설화도 산의 모성적 이미지와 통한다고 하겠다.[150)]

사람의 육신과 영혼은 산에서 태어나 산으로 돌아가야 한다는 관념이 형성된 것으로 볼 수 있다. 산은 마음의 고향이며, 어머니의 품과 같은 장소로 인식하는 전통적인 정서가 자리하고 있다.

우리 조상이 산을 고향이나 어머니의 이미지로 파악한 이유에 대해 살펴보고자 한다. 산은 내면에 비밀스럽게 감추려는 속성을 갖고 있지 않다는 생각 때문이었다. 산은 사람들에게 친밀한 '모성적 이미지'를 느끼게 할 뿐만 아니라 자신이 갖고 있는 속성을 확연히 드러낸다. 이러한 산에 대한 생각은 사람에게 의구심을 떨쳐버리게 하고, 친근감과 부드러움을 갖게 하였다.

산에 대하여 사람이 갖고 있는 '모성적 감성'은 사람의 잠재의식 속에 남아 심리적 기저를 형성해 왔다. 산은 시대와 장소를 초월하여 문화 창조의 소재로 활용되었으며, 사람들 스스로 산의 평온함에 안기어 생활할 수 있는 가장 좋은 장소로 여겨 왔다.

무등산은 남도의 넓은 들녘에 우뚝 선 젖가슴 같다는 인상을 받기에 충분한 산이며 젖은 생명의 원천이다. 그러나 무등산은 생명의 젖

150) 권정우, 「한국 현대시에 나타난 지리산의 상징」, 『개신어문연구』 제31집, 개신어문학회, 2010, 149~153쪽.

가슴으로만 머물지 않는다. 무등산의 본원적인 모습이 젖가슴 같은 산의 형상에서 비롯된 표상일 수도 있고 호남평야를 적시는 영산강과 섬진강이라는 두 생명줄의 발원지라는 기능에서 비롯되었을 수도 있다.[151] 생명의 탯자리인 어머니의 모성에 대한 감성을 무등산에 살았던 사람이 함께 공유한 것으로 확대 해석이 가능하다.

앞에서 살펴보았듯이 광주가 배출한 김덕령(1567~1596)과 같은 인물을 보면 알 수 있다. 김덕령과 무등산에 얽힌 이야기 중에서도 무등산에 김덕령장군 고조모의 묘를 쓰게 된 '회룡고조지명혈(回龍高祖之名穴)' 관련 설화를 통해 모성 이미지를 읽을 수 있다.

이 스토리자원에서 '달걀'을 화소로 설정한 점이 주목된다. 한국의 고대 신화에 흔히 등장하는 난생설화와 관련이 있다. 난생은 신화적인 영웅의 탄생에 주요한 동인으로 작용되는데, 김덕령설화에서 그것은 명당 여부를 판별하는 척도로 선택될 만큼 중요성을 띠고 있다. 설화에서 땅에 묻었던 달걀은 비유에 불과하고, 사실은 여인의 자궁에 삽입된 정자라고 보기도 한다. 단순한 가임테스트가 아니라 영웅을 잉태하여 키워내는 힘과 자질을 가진 배인지 아닌지를 시험하기 위해 달걀의 생물학적 반응이 필요했으며, 그것이 배라면 바로 무등산의 위대한 복부일 것으로 추정한다.[152]

무등산이 영웅을 잉태한 태반으로 그려지고 있는 현상은 단순히 하나의 특수한 사정으로 그치지 않는다. 무등산은 자궁일 뿐만 아니라 젖가슴이기도 하다. 말하자면 무등산은 어머니로서 기능을 수행하기

151) 나경수, 앞의 논문, 2005, 245쪽.

152) 나경수, 앞의 논문, 2005, 237~238쪽.

위한 신체적 특징인 자궁과 젖을 가지고 있으며, 이러한 무등산의 모성적 기능은 창작 소재로 자주 활용되었다. 무등산이 모태와 양육을 맡은 어머니 이미지로 지역민에게 강하게 부각된 사실을 반영한다.

무등산신은 지리산신과 더불어 여신이라고 전해진다. 여신은 지모신일 것이다. 대지와 모성은 상통하며, 여인이 자식을 출산하듯이 여신은 풍요다산을 잉태하여 영웅을 낳아 기르는 역할을 맡기도 한다. 많다는 뜻의 풍요다산 역시 고귀하고 위대한 지모신의 힘을 빌려 얻을 수 있다고 믿었던 것이다.

1187m밖에 되지 않는 무등산이 유독 높아 보이는 까닭은 그 주변의 경관 때문이다. 넓은 평야가 펼쳐진 배경 위로 우뚝 솟은 무등산은 어느 산보다도 높아 보인다. 평야에 강물을 대는 발원지로서 무등산은 산 아래 농사를 지어왔던 많은 사람에게는 수유를 해주는 어머니의 젖가슴이었고 자궁이었던 셈이다.

무등산에 대한 전통적 인식은 국립공원 승격을 축하하는 선전탑의 '어머니 같은 무등산'이라는 문구에서도 드러난다. 이는 오래 전부터 무등산에 대해 품은 감성적 인식이 현재까지 '문화유전자'로 전해져 내려오는 사실을 반영한다. '집단적 무의식'이 투영된 문화원형에 대한 이미지를 보여주는 중요한 단서라 할 수 있다.

원초적인 모성 이미지는 그 장소에 대한 뿌리를 의미하는 것이다. 뿌리는 '세상을 내다보는 안전지대를 가지는 것이며, 사물의 질서 속에서 자신의 입장을 확고하게 파악하는 것이다. 특정 어딘가에 의미 있는 정신적이고 심리적인 기저 즉 자기가 나고 자란 장소에 대한 애착을 가지고 있다는 것을 의미한다.

〈그림 12〉 무등산 국립공원 승격 선전탑

한 장소에 뿌리 내린다는 것은 세상을 내다보는 안전지대를 가지는 것이며, 사물의 질서 속에서 자신의 입장을 이해하는 실존적 존재로 인식하는 것이다. 정신적이고 심리적 애착, 특히 생명적 탯자리를 찾고자 한다면 무등산이 바로 그런 곳이다. 무등산은 어머니 품과 같은 따뜻함을 제공하며 삶이 덧없다고 느낄 때 가슴을 열어 주는 장소로 즉, 생명의 탯자리로 사람들 가슴에 자리 잡고 있다. 우리가 위험에 처하거나 쉬고 싶을 때마다 안전과 휴식을 제공하는 절대적 공간이며, 우리가 근본적으로 필요한 것을 무리 없이 보장 받을 수 있는 양육의 장소이기도 하다.

무등산에 대한 정서적 편안함과 모성적인 역할은 현대 사회로 이어지고 있다. 왕성한 생명력을 푸르게 표현하고, 강조하며 여성인 무등녀를 등장시키며 평등한 공동 세상을 염원하기도 한다. 김인석의 '무등산가'[153]를 통해서도 무등산을 생각하는 사람들의 강인한 생명

153) 저어기 저 밝은 무등을 보라/끝내 하더니/진달래꽃 처처히 피어나고/맑은 새벽 산안개 찾아드는 넉넉한 그대 품 속/참 좋으이/산굽이 굽이친 한 겹 바람에/무궁화 꽃물이 고이고/초록 마을이 있는 아침 산가에는/무등녀 살무덤에

력과 모성애가 연결되고 있음을 확인할 수 있다.

나. 전란과 재난 극복의 안민 이미지

무등산의 안민과 관련된 염원이 담긴 원형 이미지를 살펴볼 수 있는 기록은 『고려사』 악지(樂誌) 속악(俗樂) 조(條)에 보이는 '무등산가'를 들 수 있다.

> 무등산가. 무등산은 광주의 진산이다. 광주는 전라도에 있으며 큰 읍을 이루었다. 이 산에 성을 쌓으니 읍민들이 의탁하여 안락해지자 이 노래를 지어 불렀다.[154]

무등산에 성을 쌓고 불안을 떨쳐버린 광주 사람들이 안락한 삶에 대한 기대와 환희를 노래하고 있다. 다른 노래와는 전혀 다른 분위기를 주며, 안락한 삶에 대한 희망가로 불렀음을 알 수 있다. 신라 유리왕 때 민속이 환강(歡康)하여 사람들이 불렀다는 '도솔가'의 창작동기와 유사하다.[155]

당시 사람들은 무등산에 산성을 쌓으면서 안락한 삶을 희구하였

는/생명이 크는 소리/참 좋으이/앞산 마을 뒷산 새끼들도 돌아와 정 묻은 웃음 서로를 보듬고/피 묻은 산감나무 아래서/남겨진 눈물자국 지워내며/사랑하는 소리 참 좋으이/푸른 생명/옥양목 그리운 사랑으로/우직한 한 그루 소나무임 그대여/어머니 같은 진한 포근함에/이리 좋으이/한없이 좋으이/내 사랑 무등, 무등이여(김인석, 「무등산가」, 『문학전남』 제5호, 전남문인협회, 2000).

154) 無等山歌° 無等山光州之鎭° 州在全羅爲巨邑° 此山民賴而安° 樂而歌之° (『高麗史』 樂誌俗樂).

155) 나경수, 「무등산 전설의 연구」, 『한국민속학』 제41집, 2005, 228쪽.

다. 성을 쌓고 안락함을 느끼게 된 주민들이 '무등산가'를 지어 불렀다는 점에서 안전과 평화를 바라는 노래라 할 수 있다.

전략적 위치로 무등산이 선택된 것에 대해서는 앞서 기록자료를 통해 살필 수 있다. 광주가 오랜 역사의 흐름 속에서 수없이 많은 전란의 소용돌이에 휩싸였던 것을 알 수 있다. 현재의 지형과는 달리 옛날 무등산은 섬진강과 영산강을 통하여 바다의 뱃길이 닿았던 곳이다. 전남에 있는 섬진강과 영산강의 중요한 발원지이기도 한 무등산은 서해와 남해에서 영산강과 섬진강 수로를 통해 접근이 가능한 군사적 요충지이기도 했다.[156] 앞서 살펴보았듯이 왜적과 몽고의 공격을 받아 무등산 일대에서 치열한 전투가 벌어진 사실을 알 수 있는데, 이로 미루어 보아 무등산가가 불리었던 백제의 상황도 유사했을 것으로 생각된다. 삼국시대의 백제는 신라와 쟁패를 다투었던 어려운 시대였을 것으로 판단되며, 광주지역은 전란에 고스란히 노출되었을 것이다.

'무등산가'의 스토리자원을 통해서 알 수 있는 것은 바로 무등산에 대한 지역민의 소망과 바람이라고 할 수 있다 그것은 '안민(安民)에 대한 희구(希求)'일 것이다. 무등산 주변에서 살았던 사람이 안심하고 세상을 살아가고 싶은 바람을 담아 이런 노래와 스토리를 만들어 전승했을 것으로 파악할 수 있다.

두 번째로 안민적(安民的) 희구(希求)는 외적이나 전쟁에 대비하는 것 뿐 아니라 경작을 중심으로 살아가는 사람들의 자연재해(災害)를 예방하려는 소망과 염원도 담겨 있다. 또한 근심을 덜기 위해 땅

156) 나경수, 위의 논문, 2005. 231쪽.

의 주인인 무등산에 감사하며 자연재해를 막아주었던 영험(靈驗)함과 신령스러운 힘을 통해 재해를 예방하고 극복하려는 염원은 기우제(祈雨祭)의 제문(祭文)[157]으로도 확인할 수 있다. 이런 자료를 통해 우리들은 자연재해에 대비하여 생명을 유지하고 무사안일의 삶을 간절히 소망하던 사람들의 안민에 대한 간절한 무의식적 생각들을 알 수 있다. 이런 기우제를 통해 재난을 면할 수 있다는 확신과 재해를 극복하기를 바라는 간절한 희구는 전란과 재난 극복의 이미지를 담은 스토리들을 통해 확인 할 수 있다.

다. 종교적 숭배대상으로서 신성 이미지

전통적으로 산은 신성이 깃든 성스러운 공간이며, 신의 강림(降臨)과 은총(恩寵)이 내려지기를 기원하는 성스런 장소로 여겨졌다. 즉 산은 '기원하면서 결과를 기다리는 주된 공간'이었다. 신(神)에게 비가 오기를 빌며 기다리는 곳도 산이며, 자식을 갖게 해달라고 기원하는 장소도 산이었다.

산을 숭배하는 것은 오랜 옛날부터 이어져온 관습이다. 하늘에 가까이 위치한 높은 산은 인간 세계와 하늘 즉 신의 세계를 연결하는 매개체로 인식되어, 하늘을 섬기듯이 산을 숭배하였다.[158]

무등산은 문화적으로 전남의 진산이며 오랜 세월부터 신성시되어 인근지역 사람들의 숭배의 대상이었다. 전통적으로 무등산은 수려한

157) 『海峯集』 卷之三, 祭文.

158) 김갑동, 「고려시대의 산악신앙」, 『한국종교사상사의 재조명』 上, 원광대출판국, 1993, 42~43쪽.

자연경관으로서 가치와 의미 외에 제의와 의례를 지내는 종교적인 성소, 신앙의 공간으로 사유하고 인식하고 있다.

무등산은 통일신라시기에는 소사(小祀), 고려시기에는 국제(國祭) 그리고 조선시기에는 격이 낮아지며 본읍치제(本邑致祭)의 고을 제사를 모셨으며, 광주에 파견된 중앙관리가 무등산신단에서 제례(祭禮)를 직접 주관하였다.

〈그림 13〉 무등산 천제단

〈그림 14〉 무등산 천제

산악 숭배신앙은 곧 그 산신에 대한 경배와 신앙을 내용으로 한다. 통일신라시대에서의 오악(五嶽) 숭배는 산악 그 자체를 경배한 것이 아니었고, 산악의 주재자라고 여겨지는 산신에 대한 경건한 신앙의 표현이었다. 무등산에 대한 숭배와 제사도 역시 무등산신을 모시는 신앙과 제사였던 것으로 볼 수 있다.

무등산과 관련된 숭배 내용은 고려 원종 14년(1273)과 충렬왕 7년(1281)의 기록에 남아 있다. 먼저 원종 14년 조의 기록에는 삼별초(三別抄)를 토벌할 때 무등산(無等山)에 있는 산신이 은근히 도와준 징험이 있다 하여 해마다 제사 지낼 것을 명령한 내용이 있다. 다음으로 충렬왕 7년, 지역 사람이 무등산신을 우대해 주도록 중앙에 요청한 내용이 중심을 이룬다. 무등산 숭배 신앙에 대하여 구체적으로 서술하고 있는 이 자료를 통해 무등산의 산악신앙에 대해 알 수 있다.

한편 산악신앙(山岳信仰)이 지역의 무등산을 신성시한 집단과 깊은 관련을 맺고 있던 사실도 확인할 수 있다. 산악신앙과 관련을 맺고 있던 사람들이 이러한 신앙행위를 통해 무엇을 도모하고자 하였는가를 살핌으로써 스토리를 생산하게 된 다양한 정치사회적 배경을 알 수 있다.

김주정(金周鼎)은 광산(光山)을 본관(本貫)으로 하는 인물이다.[159] 일본 원정과 같은 국가적인 대사를 앞두고 신통한 영험을 드러낸 무등산신에게 특별한 대우를 해 줄 것을 앞장서서 요구하였다. 김주정의 요청은 개인적인 차원에서 홀로 추진한 것으로 보기 어렵다. 아마도 거기에는 그러한 조치가 취해지기를 기대했던 지역민 내지는 지역의 정치적 세력의 소망을 반영한 것으로 추정된다. 무등산을 봉작하여 우대해 주도록 요청한 행위는 곧 무등산 신앙에 대한 우대를 요구하는 것으로 추정된다.

중앙 조정이 무등산 산신을 우대하는 조치를 취하는 것은 진산인 무등산으로 상징되는 광주의 위상을 높여주는 것이며, 관련 의례를

159)『高麗史』권104, 金周鼎傳.

주도한 정치세력의 권위와 역할을 높여 준 것으로 볼 수 있다.[160] 지역민들이 김주정을 앞세워 무등산신의 위상과 권위를 높여주도록 요청한 사례는 지역의 위상 강화는 말 할 것도 없으려니와 나아가 지역민 및 대표적인 정치세력이 무등산에 대한 신성 이미지를 정치적으로 활용한 방식에 해당된다. 광주의 진산과 산신에 대한 우대는 곧 그 지역의 위상을 강화시키고 더 나아가 지역주민 및 정치세력의 위상을 드높이는 데 도움이 되는 일이었다. 무등산의 신성 이미지는 지역에서 삶을 영위하던 사람 모두가 합의할 수 있는 담론의 틀로 지역 세력이 정치적으로 이용할 수 있을 정도의 비중을 지닌 사실을 반영한다.

한편 구비를 기반으로 하는 스토리자원도 지역 세력의 정치적인 목적을 알 수 있는 '이성계(李成桂)와 무등산'에 대한 여러 스토리에는 무등산신이 이성계의 역성혁명을 허락하지 않았다는 내용이 설화 속에서 전해지고 있으며, 전씨의 사성전설(賜姓傳說)의 경우도 고려조와 조선조의 교체상황을 소재로 삼아 무등산 전설에 정치사회적 배경을 반영하고 있다. 이 전설들은 독자적으로 존재하는 것이 아니라 호남지역에서 만들어지고 전승되고 있던 일련의 설화들과 함께 의미상으로 동질성을 갖고 있다고 말할 수 있다. 이성계에 대해서 적대감을 보인 것은 비단 무등산신만이 아니라 지리산신(智異山神) 및 장흥의 천관산신(天冠山神) 설화에서도 확인된다. 이성계는 이들 산신에게 역성혁명을 허락해줄 것을 빌었으나, 모두에게서 허

160) 변동명, 「고려후기 무등산신앙과 광주」, 『무등산 전문가 초청 강연회 자료집』, 광주문화재단, 2011, 70~76쪽.

락을 받지 못한 공통성을 가지고 있다. 지역의 정치세력들과 지역민들에게 무등산의 신성(神性)에 이성계의 역성혁명을 인정하지 않았던 사람들의 '집단 무의식'이 투사되어 스토리의 이미지를 형성한 채 전승된 것으로 볼 수 있다.[161] 이것은 산악신앙을 통해 이성계의 역성혁명과 조선 건국에 대한 호남인의 민의를 반영하는 증거라고 볼 수 있다.

이들 스토리를 통해 신성화를 통해서 얻고자 했던 의도가 무엇인지에 대해 해석이 가능하다.[162] 무등산의 산악신앙이 종교와 관련되는 범주에 머무르지 않고, 비종교적인 소망까지도 용해하고 집적해온 사회정치적 배경을 이해할 수 있다. 실제로 무등산의 산악신앙은 종교사상적 측면에 머무르는 것이 아니라 정치적인 결착과 민중의식의 대변 등 세속적 기대가치를 망라한다.

한편 무등산 인근 들판에 자리했던 '태봉' 관련 설화는 무등산에 대한 풍수지리적 신성을 잘 보여준다. 옛 사람은 광주의 지형이 여러 이무기가 앞 다투어 용이 되어 하늘에 오르고자 하는 '화룡승천(化龍昇天)' 형국을 이룬다고 보았다. 무등산에서 뻗어 내려온 두 산줄기를 두 마리의 이무기로 인식하였다. 하나는 원효사(元曉寺) 뒤의 화암봉(花岩峯)을 지나 지산동(芝山洞)의 장원봉(壯元峯)에 이르고, 다른 하나는 증심사(證心寺)부터 조선대부속병원에 이른 것으로 보았다. 무등산의 산줄기를 이무기로 이해한 사실은 현재의 지산

161) 나경수, 「지리산의 신성화 양상과 신성 표상」, 『한국민속학』 제58집, 2013, 16쪽.

162) 나경수, 위의 논문, 2013, 157~158쪽.

유원지 일대를 예전에 단사동(丹蛇洞)[163]이라 불렀던 데서도 확인할 수 있다. 이무기들이 무등산에서 경쟁하듯이 내려오는 이유는 용이 되는 데 필요한 여의주(如意珠)를 얻기 위함이었다. 그 여의주의 형국을 한 것이 바로 '태봉'이라는 것이다.[164] 주민들이 태봉을 허무는 것을 거세게 반대한 까닭은 여의주를 없애면 광주에 재난이 따른다고 생각하였기 때문이다. 땅을 살아 있는 생명으로 인식하는 전통 풍수지리에서는 지기(地氣)가 산줄기를 따라 흐르는 것으로 보았다. 산의 모양이 마치 꿈틀거리는 것과 같다하여 '용(龍)'이라 부르는데, 무등산을 이무기에 비유한 배경을 이해할 수 있다. 또한 산은 지기의 통로이기 때문에 산줄기와 이어져야 하는데, 무등산도 우리나라의 중심 산줄기인 백두대간과 연결된 것으로 인식하였다. 무등산의 산줄기가 우리 산의 시원인 백두산과 이어진다는 점에서 무등산도 지기가 충만한 곳이라고 생각하였다.

〈그림 15〉 환벽당 용소

〈그림 16〉 용연마을 용소

163) '붉은 뱀골'이라는 뜻

164) 광주광역시시립민속박물관, 『광주의 풍수(風水)』, 광주광역시 시립민속박물관, 2002, 74~75쪽.

또한 무등산과 인접한 지역에서 용소(龍沼)라는 지명을 갖고 있는 장소는 세 군데를 찾을 수 있다. 본디 용소(龍沼)란 '폭포수가 떨어지는 지점에 깊게 패어 있는 웅덩이'를 의미하며, '용추(龍湫)'라고도 한다. 첫 번째는 화순 도원마을, 두 번째는 선교동 용연(龍淵)마을 제2수원지의 용추계곡, 세 번째는 충효동 환벽당(環碧堂) 앞에 자리한다. 이중 도원마을 용소 설화는 계곡의 못 이름과 관련된 용이 많이 등장한다. 상상의 동물에 해당되는 용은 '민간신앙에서 비를 가져오는 우사(雨師)고, 물을 관장하고 지배하는 신으로 숭배된다. 사귀를 물리치고 복을 가져다주는 벽사(辟邪)의 선신(善神)'[165]으로 인식되었다. 그 반면에 못은 '내륙에 있는 수계(水界)의 중심지'이자 넓은 바다로 드나드는 통로이며, 천상계와 지상계 및 지하계를 관통하는 입구여서 '용이 지상계와 비지상계를 넘나드는 존재로서 신성성을 획득하는 데 가시적(可視的) 역할'[166]을 담당하는 것으로 이해하였다. 따라서 관개수(灌漑水)의 근원이었던 계곡의 못은 농경민족으로 물이 생명처럼 소중했던 사람들에겐 가뭄이 심할 때 용(龍)에게 기우제를 드리기에 적당한 장소가 되었다.

도원마을 용소 설화에서는 광풍과 소나기가 내리더니 구름 속에서 용이 나타나 못에서 헤엄치며 놀고 있었던 것은 용이 비를 몰고 다니는 우신(雨神)이자 물을 관장하는 수신(水神)이기 때문에 당연한 일이라 할 수 있다. 그 용이 하필 '백룡'인 까닭은 쌍룡이 등장하는 설화와 관련이 있다. 황룡이나 백룡은 풍농을 가져다주는 선룡(

165) 김선풍 외, 『민속학으로 본 열두 띠 이야기』, 집문당, 1995, 159쪽.
166) 서영대 · 송화섭, 『용, 그 신화와 문화 : 한국편』, 민속원, 2002, 257쪽.

善龍)인 데 비해서, 청룡은 악룡으로 표현[167]되는 경우가 많기 때문이다. 백룡에게 풍년을 기원하며 올리는 '용신제'를 드린 것 역시 당연한 일이다. 동복현감과 비연이 이 못에 놀러왔다가 재앙을 당한 이유는 무엇일까? 이들이 풍흉(豐凶)을 결정하는 강우신(降雨神)의 공간을 침범하여 신성함을 더럽혔기 때문이다. 비연이 칼을 쥔 채 못으로 떨어지자 백룡이 노하여 소리를 지르며 요동을 친 스토리에서 알 수 있다. 도원마을 용소설화는 전국에 널리 알려져 있는 다른 지역의 '이무기 설화'와 마찬가지로 문화콘텐츠 현장에서 자주 볼 수 있는 신비스러운 소재를 활용한 스토리라 할 수 있다.

이와 같은 스토리자원의 성격을 통해 알 수 있듯이, 무등산을 숭배하던 전통은 단절되지 않고 오늘날까지 이어지고 있다. 또한 복을 비는 기복신앙의 대상으로 혹은 국가 및 지역의 안녕을 위해 지극히 민중적이고 집단 무의식이 반영된 신성한 이미지가 산악숭배로 혹은 풍수지리를 통해 형상화 되었다고 할 수 있다.

다양한 사회 안에서 인간의 삶은 필연적으로 봉착하게 되는 여러 생태적 문제를 해결하기 위해서 기복신앙이 발전하게 되는데, 무등산 역시 종교적 숭배 대상에 대한 신성 이미지를 담은 다양한 스토리자원을 생성하였다.

라. 기다림과 탈속의 대상으로 은일 이미지

앞에서 살펴보았듯이 산은 성스러운 장소로서 '탈속의 공간'이다. 또한 사람들이 기원(祈願)의 결과를 기다리는 '은거와 은일의 공간'

167) 서영대 · 송화섭, 앞의 책, 2002, 58쪽.

이라는 이중 역할을 하고 있다. 산은 불운하였던 삶을 회복하여 행복을 찾으려는 사람들이 도피하거나 은거하면서 기다리는 장소로 이용되었다. 조선시대 당쟁으로 벼슬을 빼앗긴 양반들은 산 속에 묻혀 앞날을 기약하며 입신양명의 기회가 오기를 기다렸다. 처음부터 입신(立身)에 대한 길이 막혀 자신들의 재능을 펼칠 수 없었던 특수 계층은 산림에 묻혀 살거나 다른 형태의 삶을 계획하며 때를 기다렸다.

이런 이미지가 반영된 고전 작품들이 창작되었는데 허균(許筠)의 경우 자신의 꿈을 펴기 위한 곳은 산이었으며, 『홍길동전(洪吉童傳)』과 같은 저항과 개혁을 주요 내용으로 한 고대소설의 창작배경이 되기도 했다.[168] 이들 의식의 깊은 바탕에는 새로운 시대에 대한 '기다림'이 깔려 있고, 그 '기다림'을 현실화 시킬 수 있는 최적의 장소로 산을 생각했던 것이다. 이런 심층적 기저는 산에 대하여 갖고 있던 원초적 의미인 고향과 어머니로서의 의식이 바탕이 되어 형성된 것이라 여겨진다.

은자(隱者)의 삶을 소제로 하는 스토리자원도 다양하게 창작되었다. 은자란 문자 그대로 세상을 외면하거나 멀리 떠나 자연 속에서 숨어 한적한 삶을 사는 사람을 일컫는다. [169]은자의 삶의 형태는 세속적인 속념(俗念)과 진계(塵界)를 떠나 산에서 유유자적함을 즐기며 살아가는 형태를 희구하였다. 이들은 산속의 한적한 삶에서 청징(淸澄)함과 안심을 얻고자 했다. 죽림칠현(竹林七賢)의 고사가 암시하듯이, 동양 전통사상의 기저에서는 고독유서(孤獨幽棲)의 한적하

168) 이재선, 『한국문학주제론』, 서강대학교출판부, 2009, 296~315쪽 참조.
169) 이재선, 위의 책, 2009, 493쪽.

고 유현한 경지에서 산악생활에 안주하는 은자나 은거(隱居)의 삶을 예찬하는 작품들이 적지 않게 나타난다.

수많은 법사(法師)와 선사(禪師)들은 차지하더라도 유명(有名), 무명(無名)의 인물이 은일과 은거의 장소로 산을 택하였다. 그런 뜻에서 산은 자연과 인생이 어우러진 무대이고 바로 역사의 현장이기도 하다.

산중에서 은거와 은일을 선택한 사람들은 대체로 두 가지 유형으로 나누어 볼 수 있다. 첫째는 피치 못할 사정으로 인해 현실 생활의 도피 장소로 산을 택한 부류이다. 이들이 산중 생활을 선택하게 된 데는 뚜렷한 현실적 이유가 있었으며, 그 문제가 해결되면 산을 떠나고자 했다. 둘째로는 완성된 자아의 실현을 위한 장소로 산을 택했으며, 그 자체로 즐거움을 느껴 산악생활에 만족한 부류이다. 현실적인 조건에 관계없이 스스로 찾아 들어가 산속에서 살아간 사람들이다.

그러므로 전자는 산 밖의 인간생활이 사고의 중심이 된다. 언젠가는 돌아가야 할 곳이 있거나 혹은 돌아가고 싶은 그리운 곳에 대한 '기다림'의 대상이 있는 사람은 은거와 은일의 장소로 산을 택하였으며, 반면에 후자는 산중생활 자체가 삶의 중심이 되며, 산 밖의 세상일을 멀리하는 '탈속'의 입장에 서게 된다. 그러나 두 가지 형태가 뚜렷하게 구별되는 것은 아니며, 대개의 경우 복합 양상을 띠고 있다. 예를 들면 현실의 도피로 산을 찾아들어 '기다림'의 생활을 하는 동안 새로운 철학과 인생관을 가지게 되어 '탈속'의 경지에 이르는 경우도 있다.

근대 이전에는 세상의 혼란을 피해 일시적 혹은 오랜 기간 동안 산속에 은거했던 선비들이 적지 않았다. 이들은 초기에는 현실에 대한 고민과 소외감으로 인해 유배의 심정이었으나, 시간이 흐름에 따라 산중 생활은 승화된 정신세계로 몰입하게 되는 계기가 되었다.[170] 이들은 글과 글씨 및 그림 등의 빼어난 예술작품을 창작하였는데, 산중 생활이 그들의 정신세계를 풍요롭고 넓게 해준 배경이 되었다.

무등산에서 은일 · 은거의 대표적인 인물로 처사(處士) 은원충(殷元忠)과 이도(李導)를 들 수 있다. 이도(李導)[171]는 무등산에 올라 토실을 짓고 살면서 토굴처사(土窟處士)라고 불리기도 했다. 처사(處士)[172]는 벼슬을 하지 않았지만 상당한 식견을 가진 사람을 말한다.

---

170) 구미례,『한국인의 상징세계』, 교보문고, 2000, 150쪽.

171) 자는 의실(懿實)이고 호는 방재(方齋)이며, 적성인(磧城人)이다. 아버지인 이수익(李守益)은 임진왜란 때 조카 이비(李秠)와 더불어 동생 이수함(李守咸)의 임소(任所)인 금교역(金郊驛)에 있다가 한꺼번에 순절(殉節)하였다. 공은 일찌감치 과거 공부를 폐하고는 문경공(文敬公) 신독재(愼獨齋) 선생의 문하에서 유학하였다. 혼조 때 폐모(廢母)하는 일이 발생함에 미쳐서는 마침내 무등산(無等山)에 있는 선산(先山) 아래로 들어가 토실(土室)을 짓고 살았는데, 사람들이 토굴처사(土窟處士)라고 불렀다. 군자감 참봉(軍資監參奉)과 사헌부 장령(司憲府掌令) 등의 직에 천거되어 제수되었으나 모두 취임하지 않았다. 정묘년의 난리 때 선생이 공을 뽑아 문서유사(文書有司)로 삼았다. 병자년의 난리 뒤에는 종신토록 청나라의 책력(冊曆)을 보지 않았다. 항상 태고관(太古冠)을 착용하고서 천석(泉石) 사이를 소요하였으며, 신주(神主)에 직명(職名)을 쓰지 말고 처사(處士)라고 쓰라고 유언하였다(사계전서 제46권 부록/한국고전종합DB: http://db.itkc.or.kr/).

172) 맹자(孟子)가 자신이 그 일을 담당할 자리에 있지 아니하면서 정치를 함부로 논의해서는 안된다는 입장에서 말한 "聖王不作 諸侯放恣 處士橫議"(『孟子』, 滕文公下)라는 말과, 순자(荀子)가 성대한 덕성을 갖추고 은거해 있는 군자라는 의미로 "古之所謂處士者 德盛者也"(『荀子』,十二子)라고 한 구절에서 비롯한다. 처사라는 이름은 조선조 초기에 절의(節義)를 명분으로 내세우는 사람

사농공상(士農工商)의 하나로서 다른 사람들과 마찬가지로 자신의 직분에 충실하여 세상을 위해 바람직한 일을 해야 한다는 생각을 갖고 있었다. 벼슬이란 세상이 필요로 해서 생기는 자리요, 그 자리에 적합한 능력을 갖춘 사람을 등용하는 것이 중요한 일이다. 모든 사람이 벼슬을 할 수 있는 것도 아니고 억지로 구한다고 해서 얻을 수 있는 자리도 아니다. 억지로 벼슬을 구하거나 구차스럽게 벼슬자리에 머무르면 그 지위와 봉록을 탐내는 것에 불과하다는 비판이 뒤따랐다.[173)]

스스로의 재능과 덕성을 갈고 닦아 세상이 필요로 할 때를 기다리는 것이 선비의 옳은 처신 방법으로 인식하였지만 유교적 관료 사회에서 처사라는 이름만으로 세상을 살아가기에는 많은 제약이 따랐다. 이런 자신의 애절한 심경을 시문을 빌어 토로하거나 소(疏)를 올려 주장을 펼치기도 하였다.

한편 산에서 은거 · 은일하던 이들이 단지 풍수만을 감상하면서 뜻을 이루지 못한 것에 대한 안타까운 심정만을 토로한 것은 아니었다. 서로 만나고 교류하며 시대의 아픔을 토의하고 도학의 기본 정신을 잃지 않으며, 새로운 시대를 기다리는 마음을 나누었다. 무등산의 '서봉사(瑞峯寺)에서 개최된 청회(淸會)', 성산의 '탁열행사'에서 알

들로부터 시작하여 조선 중기에 사림(士林)이 정치적으로 진출하였고, 후기에 가서도 산림처사(山林處士)라는 대단한 이름이 등장하였고 향촌(鄕村)에 거처하면서 벼슬에 나설 수 없었던 궁유처사(窮儒處士)들이 처사적 명분으로 자신의 입장을 옹호하는 일반적인 용어로 사용되었다(정지용, 「17세기 전기 무등산권의 한시연구」, 전남대 박사학위논문, 2009, 62쪽).

173) 정경주, 「조선중기 처사문학의 경향」, 『부산한문학』 제2집, 1987. 195~197쪽.

수 있다. 이들 행사는 은일거사(隱逸居士)들이 아픈 시대를 극복하려는 움직임의 일환으로 볼 수 있다. 이와 같이 무등산 일대에서 은거하던 사람들은 서로의 경계를 넘어 교우하고 산수를 벗하면서 넓고 깊은 정신세계를 탐닉하였다. 이들은 산중생활의 기다림과 탈속의 정신세계가 깃든 원형 이미지를 만들어냈으며, 이들이 창조해낸 주옥같은 스토리자원은 후세의 정신적 유산으로 남아 그 빛을 발하고 있다.

마. 놀이적 공간으로서 유람 이미지

산에 대해 은일적(隱逸的)이고 관조(觀照)적인 담론에서 보다 확장하여 산의 아름다운 경치를 감상하고 즐기는 특성을 통하여 산을 '놀이와 유희의 대상'으로 여기도 하였다. 또한 지역의 물산(物產)을 기반으로 산에서 교류하고 즐기며 유람하는 '놀이적 공간'으로 인식하여 왔다. 또한 산은 '심신수양과 공부'를 위한 최적의 장소로 여겨졌다. 신라의 화랑은 산을 심신단련 장소로 이용하였으며, 고려를 거쳐 유교적 이상사회를 지향하였던 조선시대에 계승되었다. 자연에서 도(道)의 실체를 찾아다니며 '생산적 유희'를 즐긴 양상에 해당된다.

오래 전부터 사람들은 무등산을 매우 다양한 방법으로 즐겨왔고, 그렇게 즐겼던 공간을 다양한 스토리로 구성하여 전해져 내려왔다.[174] 산을 놀이적 측면에서 즐긴 사람들은 오감(五感)을 동원하였는데, 기암괴석 · 폭포 · 운무 등의 경관을 즐길 때는 시각을, 물소리 · 바람소리 · 새소리 등의 소리를 즐길 때는 청각을, 탁족(濯足)과

174) 노시훈 외, 앞의 책, 2014, 9쪽.

물맞이 등의 물놀이를 할 때는 촉각을, 산에서 나는 약수 · 나물 · 과일 · 차 등의 특산물과 음식을 맞볼 때에는 미각을, 휴양하며 산이 뿜는 냄새를 맡을 때는 후각을 동원하였다.

놀이적 대상으로서 이미지는 산에 올라 아름다운 경치를 감상하고, 유람을 즐긴 내용을 기록한 '유산기'를 통해 확인된다. 삼월 삼짇날 무등산에 모여 하루 종일 놀았던 '화전놀이', 음력 6월에 폭포를 찾아 더위를 식히던 '물맞이', 계곡에 다리를 담그고 주위 사람들과 정을 나누던 '탁족', 절벽을 찾아 공동체 성원 모두가 즐기던 '낙화놀이' 등이 놀이적 대상으로서 이미지를 내포한 대표적 상징이라 할 수 있다. 이렇듯 호남의 진산인 무등산에 올라 자연을 감상하고 경치를 노래하면서 노닐었던 스토리자원은 다양하다. 놀이와 유람에 관한 다양한 스토리들은 지금도 무등산에 마음을 빼앗긴 많은 사람들에 의해 구전하거나 혹은 새롭게 창작되면서 끊임없이 재생산되고 있다.

바. 집단적 인성으로서 의기 이미지

무등산에서 살아가던 사람들의 삶의 공간이자 무대였던 무등산의 문화를 이해하기 위해서는 지역민의 집단적 인성을 이해하는 것이 무엇보다 필요할 것이다. 지역민의 집단적 인성과 문화는 직결된다.[175] 무등산 주변 지역민의 인성에 대한 검토는 지역의 문화적 특성을 이해하는 척도가 될 수 있다.

175) 나경수, 「3향 문화권 설정을 위한 호남지역 문화표상의 탐색」, 『호남문화연구』 49집, 전남대 호남학연구원, 2011, 377쪽.

호남지역은 3향 문화권(三鄕文化圈)[176]으로 일컬어지는데 그 중에서도 광주 · 전남은 특히 '의향'의 이미지가 강하다. 의향의 전통은 전근대의 역사적 사건뿐만 아니라 근현대의 여러 상황을 통해서도 알 수 있다. 임진왜란 당시 의병장과 의병 봉기와 활약이 두드러졌던 곳도 바로 광주 · 전남이다. 앞에서 살펴본 영웅 설화의 주인공 '김덕령'을 비롯하여 『유서석록』의 저자인 '고경명'의 발자취를 통해서도 그 의로움이 드러난다. 또한 일제강점기 때 지역에서 벌어졌던 일련의 역사적 의기(義旗)인 '광주학생운동' 그리고 최근 1980년 '5.18 민주화운동'에 이르기까지 집단적 인성의 발원에 의해 불의적인 일에는 늘 의로운 인성이 밖으로 표출되었다.

무등산에는 이런 의로운 행동에 대한 동인(動因)을 제공했던 많은 역사적 기록이 있는데 먼저 몽고장수 차라대가 고종 41년(1254년)에 침입하여 43년 9월(1256년) 무등산에 주둔하여 노략질을 했다는 내용으로 국가의 위난(危難)이 무등산까지 영향을 미쳤음을 알 수 있다. 또한 고려 말에 이르러서는 해안지역을 유린하던 왜구가 무등산에 올라 저항할 때, 관민이 몽골과 왜구의 침탈에 맞서 분연히 일어나 싸운 내용이 전해지고 있다.

외적의 침탈은 수많은 물적 · 인적 자원의 파괴를 동반하게 된다. 조선 중기의 왜란 때에도 무등산권역을 중심으로 많은 것들이 파괴

176) 호남지역은 일정한 문화권 및 문화사적 배경을 근거로 하여 호남의 문화를 형성시켜 왔다. 이러한 호남문화의 특성을 간파하는 방법은 여러 가지일 수 있지만, 그 하나의 방법으로는 문화적 표상을 들 수 있겠다. 자타가 공인하는 의향, 예향, 미향의 문화적 표상을 바탕으로 문화권 설정을 통한 연구가 필요하다. (나경수, 위의 논문, 2011, 398쪽).

되었다. 특히 왜군에 의해 무너지고 폐허 상태나 다름없던 소쇄원의 문서를 모아 '소쇄원 사실'과 '행장'을 편찬하는 등 당시의 지식인들은 처참한 삶을 극복하고 왜란을 통해 무너진 것들을 재건하려는 의지를 불태웠다.[177)]

한말의 일제 폭정에 무등산을 중심으로 의로운 항쟁을 전개한 내용은 『전남 폭도사』에 전해진다. 무등산을 무대로 전개된 국난극복 의지와 노력은 의병활동의 의기적 이미지가 형성된 배경이 되었다. 무등산은 의병들의 중요한 활동지였으며, 무등산에서 의병항쟁이 치열했다는 것을 알 수 있다. 또한 무등산은 일제강점기의 3.1운동을 비롯한 항일구국투쟁을 주도한 선열이 모여 의거를 모의한 장소였다. 특히 광주학생독립운동을 주도한 광주고등보통학교와 광주농업학교 학생들로 구성된 독서회 회원들은 1925년 6월 모임을 처음 발족한 장소 역시 무등산이었다. 이들 사례는 무등산의 의기적 이미지가 형성되는 계기로 작용하였다.

최근에 이르러서는 '무등산 타잔' 박흥숙을 통해 의기적 이미지를 엿 볼 수 있다. 박흥숙은 '근대적 개발 계획'을 밀어붙인 권위적인 국가권력에 대항하여 저항했던 비극적인 인물[178)]이다. 국가가 법을 이용해 사람을 통치했던 '개발담론'의 시기에 불의에 대항하였던 '박흥숙'사건은 독재정권의 개발 계획에 의해 철거를 당하며 관계법령

177) 김덕진, 『소쇄원 사람들』, 다할미디어, 2007, 284~285쪽.

178) 유경남, 「무등산 타잔 - 1970년대 도립공원지정과 산, 사람들」, 『2011년도 전남대학교 호남학연구원 학술대회논문집 - 無等山의 傳展典』, 전남대 호남학연구원, 2011, 25쪽.

을 통해 '무허가 주민'으로 명명하며 철거민을 '정화 및 미화의 대상'으로 삼은 비인간적 폭거에 대한 저항이었다. 또한 정부가 이러한 사업과 법으로 민간인을 통제했던 것처럼, 무등산을 국토의 소유물로 지배하려던 국가권력에 대한 저항이었다. 이런 의기를 소재로 하여 2005년 '무등산 타잔 박흥숙'이라는 제목이 붙은 영화로 제작되기도 했다.

무등산의 의기적 이미지는 고려 말 역성혁명의 주인공인 이성계의 정의롭지 못함을 무등산신이 꾸짖고 이성계의 역성혁명을 허락하지 않았다는 내용의 설화와 함께 정몽주와 이성계 관련 설화를 통해서도 확인된다. 그 내용은 다음과 같다.

> 고려 말 정몽주 등이 나타나 괴롭히는 꿈을 꾸던 태조가 얼마쯤 뒤에 입석대를 향해 걷던 중 서기가 감도는 서석대에 이르니 한 선인이 나타나 그를 맞으며 '그동안 대왕께서 3일기도 중인 것을 알기는 했지만 이곳에서 법회가 열리고 있던 중이라 석가부처께서 대왕의 악몽을 아시고 즉시 지신(地神)을 보내 정몽주 등 고려 중신들을 질책하시고 대왕을 맞도록 한 것이오' 라고 말했다는 것이다.[179]

위의 내용은 조선 건국에 반발하는 호남 민심을 달래기 위해 지어낸 관변 설화적인 성격을 띠고 있다.[180] 무등산의 의로운 기운에 대해 위기의식을 느낀 지역의 건국 주도세력들이 반대되는 설화를 유포했을 가능성이 있다. 위정자가 민심을 달래려는 정치적 공작을 벌

179) 향토문화개발협의회, 앞의 책, 1988. 557쪽.
180) 김덕진 외, 위의 책, 2010, 290쪽.

일 만큼 무등산이 지닌 의로운 이미지는 위정자에게는 큰 두려움의 대상이었다.

'의로움의 공간'으로서 무등산 이미지는 1980년 5·18을 겪었던 서슬 퍼런 상황에서 '아아 광주여! 우리나라의 십자가여!'[181]와 같은 작품으로 되살아난다. 참혹했던 광주항쟁을 이야기하며 희망의 불씨를 살린 많은 작품이 만들어졌다.

무등산은 지질학적으로는 백악기에 탄생한 산이지만 산이 품었던 흔적과 기억은 오늘의 새로운 역사를 쓰는 이들과 함께 공유하고 있다. 광주의 상징으로 기억되며, 지역민과는 '집단적 의로움'을 공유하는 공동체 공간임을 확인할 수 있다. 무등산은 정의와 평화, 더불어 역사정신이 살아있는 정신적 공간으로 존재한다고 인식되면서, 과거를 지나 현재에 이르기까지 의기적인 이미지를 우리에게 보여주고 있다.

2. 무등산 스토리자원의 가치 및 개발의 시의성

산은 문화적 '경계'를 이해하는 데, 열쇠가 되는 말이라 할 수 있다. 서로 다른 성격의 문화권은 산을 경계로 형성되고 발전과정을 겪었다. 산에 대한 문화적 연구는 곧 문화의 경계를 통해 그 문화가 어떻게 형성되고 접변하면서 발전해 왔는가를 이해 할 수 있는 중요한 정보를 제공하고 있으며 산에 대한 문화연구는 문화적 경계를 이

181) 아, 광주여 무등산이여/ 죽음과 죽음 사이에/ 피눈물을 흘리는/ 우리들의 영원한 청춘의 도시여(김준태 『전남매일』 1980년 6월 2일 1면).

해를 할 수 있는 단초를 제공하고 있다.

무등산은 오랜 기간에 걸쳐 독창적으로 문화가 발전하면서 산과 사람과의 관계 속에서 다양한 '스토리자원'이 형성되는 배경이 되었다. 무등산 스토리자원을 통해 지역문화의 저력을 알 수 있으며, 광주와 주변지역 사람들의 삶의 원초적 모습을 찾아 볼 수 있다. 이와 같이 무등산 스토리자원은 서로의 관계를 맺어왔던 사람들이 일생동안 가지고 있던 다양한 삶의 내용과 의식들이 투영된 채 전승되고 있으며, 형성된 스토리는 오랜 기간, 다양한 방식으로 새로운 요인이 가미되어 재가공 단계를 거쳐 왔다. 사람들은 무등산을 통해 문화적 주체성을 유지하였고, 그 고유성을 튼튼하게 가꾸어왔다. 산을 통해 정체성을 정립하고 공동체의식을 다졌으며, 이를 바탕으로 지역문화를 다음 세대로 전승할 수 있었다.

이에 무등산 스토리가 가지고 있는 문화자원으로서 중요성과 가치재로서의 역할을 살펴볼 필요가 있다. 또한 이 자원개발의 시의성과 문화콘텐츠로 개발할 수 있는 가능성을 살펴보도록 하겠다.

가. 무등산 스토리자원의 가치

공군부대가 주둔한 무등산 정상지역의 천왕봉 · 인왕봉 · 지왕봉은 민간인 출입금지 구역이었다. 그동안 지역민은 멀리서나마 어렴풋이 정상을 가늠해보는 것으로 위안을 삼아야 했다. 2011년 무등산 정상이 처음 개방되던 날, '출입금지'라는 문구 앞에 발길을 돌릴 수밖에 없었던 수많은 사람들이 모여들었다. 무엇이 이토록 많은 사람을 무등산으로 불러 모았을까? 무등산 정상을 보기 위해 혹은 오르려 인산인해를 이루었던 사람들에게는 해소되지 못한 산에 대한 갈망이 있었다고 보인다. 정상 개방은 무등산이 문화적 공간이라는 인식으로 이어졌으며, 인간에게 물적 자원을 제공하는 좁은 의미에서 벗어나 산과 사람의 흔적인 '스토리'에 주목하게 되었다.

이는 무등산 스토리자원의 가치를 다시금 검토함으로써 자원이 지닌 내적 의미성을 살펴보는 계기를 마련하고자 한다. 첫 번째로 무등산의 스토리자원은 지역의 문화적 정체성 확립과 '공동체적 가치체계'를 공유하는 기반이 되었으며, 파생된 스토리는 지역의 역사를 반영하면서 공간과 시간을 공유하던 사람들의 내면 깊숙이 심층적으로 내포되어 있던 잠재적 의식들을 반영하고 있다. 오랜 세월이 지나면서 서로의 '암묵적 합의'를 통해 축척된 다양하고 심오한 표상체계가 그 지역에서 삶을 영위하던 사람들의 내적 필연성을 형성하며 그 공간의 구성원들에게 공동체적 의식을 제공하고 있다. 무등산 주변에서 삶을 영위하던 사람들은 자기 생활의 장소이며 오르내리던 산에 깊게 투영시킨 내용의 스토리를 만들어 삶의 공간으로 일체화하였다. 역사적으로 억울한 사건이 발생했을 때는 정의로운 영웅을 만들었고, 신원(伸寃)을 통해 억울한 희생자가 되었던 이들의 아픔을 대변하기도 하였다. 역사는 승리한 자의 기록이지만, 스토리는 실패한 사람들의 아픔까지 헤아리면서 포용한다. 또한 현실을 살아가는 사람들에게 윤리적 지평을 넓혀 공동체 유지를 위한 질서를 제시하였다. 곧 문화적 경계를 만들어 집단이 유지할 수 있는 정체성을 제공함으로써 그 공동체만이 지닌 특성 있는 독창적인 문화를 형성하였다. 이처럼 무등산 스토리자원은 지역의 역사와 삶의 내용을 반영하며, 지역민을 스토리의 중심에 놓음으로써 공동체의 가치와 질서유지의 기능을 충실히 수행해내고 있는 것이다.

두 번째로 무등산 스토리자원은 '종교적 다양성의 가치'를 지니고 있다. 무등산의 스토리자원은 그 내면에 유·불·선(儒佛仙)의 종교적 조화를 담고 있다. 무등산의 지명 유래를 통해서도 불가적 의미의 '무등(無等)'[182], 유교적 의미의 '무당산' 등 여러 종교적 편린(片鱗)이 확인된다. 특정 종교와 정파에 속하지 않으며 경계를 두지 않은 종교적 다양성을 볼 수 있다. 여러 유산기의 저자들은 유학 사상과 소양을 지닌 채 무등산을 유람하였고, 산중에는 불도(佛道)를 공부하는 스님들이 머무른 도량이 적지 않았다. 또한 많은 사람들이 무등산에 올라 추구하고자 했던 이상세계는 속세를 벗어난 선경(仙境)이었다. 이렇듯 '산'은 현실과는 동떨어진 신성한 공간으로 인식되었다.[183] 산에 오르면 현실의 신분 · 계급 · 사상의 차이를 떠나 서로 동등한 도반관계를 이루었다. 여러 부류의 사람들이 무등산에 들어가 추구한 이상향이 서로 비슷했기에 가능하지 않았을까 생각된다.

산이라는 신성한 공간에서 서로 협조적인 관계를 이루며 경이로운 자연의 조화로 신과 인간이 하나가 되고 인간과 인간이 화해하는 모습을 보여주기도 했다.

무등산의 스토리자원에는 여러 갈래의 종교성이 깃들어 있는데,

182) 무유등등(無有等等)에서 유래하였다는 설이 있다. 불가적 의미로 부처님이 세간의 모든 중생과 같지 않으므로 무등하다는 것으로 무등은 부처님이 가장 높은 자리에 있기 때문에 견줄이가 없다(표인주 · 조정규, 『무등산권 무속신앙의 공간』, 민속원, 2011, 14쪽).

183) 김순영, 앞의 논문, 2013, 71쪽.

특정 종교의 산물이 아니라는 점에서 가치가 있다. 무등산의 사찰 및 암자에 머무른 스님들은 유산객에게 숙식을 제공해주고 초행자에게는 길잡이 역할을 하였다. 유학자는 풍속교화의 몫을 담당했고, 무속인은 민중 신앙의 구심점이 되어 서로 배려하며 공존하였다. 이러한 공존과 다양성은 무등산 천제를 통해서도 확인된다. 천제의 형식은 유교식 제례이지만, 하늘을 공경하는 도교적 성격이 결합되었다. 이렇게 볼 때 무등산 스토리자원은 여러 갈래의 전통 종교와 사상이 모이고 화해하는 현장이 된다. 불교 · 유교 · 도교는 삼국시대에 들어와 토착화된 사상과 종교이고, 무속은 조상 전래의 토속신앙이다. 이들은 서로 다른 신념과 가치관을 가지지만, 스토리자원 안에서는 상충되지 않고 조화를 이루면서 공동체 유지의 밑거름이 되고 있다.

세 번째로 무등산 스토리자원은 시대 상황을 반영하는 '역사적 가치'를 지니고 있다. 고대 사회에서 전래된 '무등산가'부터 시작하여 현대의 스토리는 천 년 이상을 걸친 오랜 역사를 대변한다. 무등산 스토리자원은 지역의 발전과정을 이해할 수 있는 '창'이며, '몽고의 침입', '왜란과 호란', '광주학생독립운동', '5·18민주화 운동'에 이르기까지 역사적 아픔과 무등산과 주변에 살았던 사람들의 시간적 흔적에 대한 여러 상흔(傷痕)을 품고 있다.

네 번째로 무등산 스토리자원은 현대에 맞게 재가공할 수 있는 '콘텐츠적 가치'를 지니고 있다. 문화산업에서 스토리를 다양한 방법으로 콘텐츠화 하였고, 콘텐츠는 새로운 가치를 발현하고 있다. 21세기 문화의 세기에는 그 지역이 어떠한 콘텐츠를 지녔는가에 의해 미래에 대한 비전이 달라진다. 따라서 문화의 세기를 맞아 무등산을 소재로 하는 다양한 스토리자원을 보유하고 있다는 것은 크나큰 행운이라 할 수 있다.

또한 무등산 스토리자원은 유네스코 세계유산 지정에 있어 중요한 특장점인 '인문적 가치'를 제공한다. 현재 무등산을 유네스코가 지정하는 세계지질공원으로 등록하였다. 유네스코 세계지질공원은 특별한 지질 현장으로서 지질학적 중요성 뿐 만아니라 생태적 · 고고학적 · 역사적 · 문화적 가치도 지녀야 한다.[184)]

이와 같이 유네스코 세계지질공원은 자연적 특성 외에 사람과의 관계 속에서 얼마만큼 지속가능한 발전을 이루어 왔는가를 중요한 사항으로 판단하고 있다. 유네스코 지질공원의 지정은 대상물이 지닌 미학 · 역사 · 문화 등의 인문적 가치와 요소가 선정의 주요 기준이 되고 있음을 알 수 있다. 무등산 스토리자원은 바로 이런 요소를 중심으로 내용이 구성되어 있어서 유네스코 세계유산 지정에 필요한 인문적 요소와 가치를 제공할 수 있다.

나. 무등산 스토리자원 개발과 그 시의성

무등산은 국립공원 승격, 국가지질공원 인증, 유네스코 세계지질공원 지정 및 재지정 등 일련의 과정을 거치며 언론의 집중적 조명을 받고 있다. 2013년 국립공원 승격 이후 무등산을 찾은 탐방객 수는 대폭 늘어났으며, 이후 계속적으로 1천만 명을 돌파했다.[185)]

---

184) 전남대학교 한국공룡연구센터, 『무등산 주상절리대 일대 학술조사 및 세계유산 등재 추진 방안 연구보고서』, 광주광역시, 2013, 242쪽.

185) 무등산을 찾은 탐방객은 정상부에 자동화 계수시스템을 도입한 이후 지난

무등산이 국립공원으로 지정되면서 가장 눈에 띄는 변화는 공원 면적 증가와 관리 주체의 변화이다. 공원 면적은 도립공원 때 30.23㎢이던 것에서 2.5배 늘어나 75.425㎢로 확대됐다. 무등산 자연 자원을 보다 체계적으로 보호하고 관리하기 위한 조치였다. 공원관리도 도립공원 시절 1개 사무소(광주시)에서 국립공원 지정 후 2개 사무소[186]로 늘어났다. 관리 인원도 47명에서 114명으로 대폭 늘었고, 예산 규모도 시에서 관리하던 때의 20억 원에서 110억 원으로 계속 증가하고 있다.[187]

또한 다양한 생물자원 조사를 통해 23개 분야에 걸쳐 무등산의 자연자원 종합 조사를 실시한 결과 3691종의 생물자원이 조사되었다. 국립공원 승격 전 2296종보다 60% 증가한 수치다. 무등산에 서식하는 수달과 담비 등 멸종 위기에 놓인 동물이 10종에서 16종으로 추가 확인되었다. 원앙과 황조롱이, 새매 등 천연기념물도 기존 4종에서 11종으로 늘어났다. 일련의 조사를 통해 무등산이 '생태계의 보고'라는 사실이 입증되었다.

이처럼 무등산 국립공원 승격과 더불어 외적 차원의 조사는 늘었으나, 연구의 가장 기본 바탕이 되어야 할 '인문적 가치'에 대한 고찰은 이루어지지 못 하였다. 무등산과는 달리 '지리산'의 경우 인접 대

2013년 397만 명, 2014년 382만 명, 지난 해 360만 명 등 현재까지 약 1천100만 명이 무등산을 탐방했다. 한려해상 (705만 명), 북한산(637만 명)에 이어 지난해 전국 21개 국립공원 가운데 3위를 기록했다(『남도일보』)

186) 국립공원관리공단 무등산국립공원사무소 광주 · 전남사무소로 나누어져 있음.

187) 『광주일보』

학[188]에서 '지리산권 문화연구단'을 설립한 후, 8년 동안의 연구 성과를 모아 『지리산 인문학대전』 10권을 간행한 바 있다. 또한 다양한 내용의 세미나, 주민 강좌 등을 수시로 개최하여 산악문화에 대한 새로운 지평을 넓혀가고 있다. 이 연구단은 지리산권 문화와 관련된 기초 자료 수집과 연구를 통해 '산의 인문학'이라는 새로운 연구 영역을 개척한 것으로 평가된다. 지리산보다 면적에서는 넓지 않지만 무등산 역시 오랜 기간에 걸쳐 많은 사람들이 생활터전으로 삼았던 남도의 대표적인 명산이다. 또한 무등산이 담고 있던 스토리자원은 자연과 인간의 정신적 · 물질적 연계와 상호작용이 다양하게 반영되어 있다. 이러한 점으로 볼 때 국립공원 승격과 세계지질공원 지정을 앞둔 무등산의 '스토리자원'은 산과 사람들의 귀중한 인문적 흔적을 품은 훌륭한 자산이며 연구 대상이라 할 수 있다.

지금 세계는 지역 문화역량이 국가의 문화역량을 결정짓는 '세방화' 시대를 맞아 바야흐로 형형색색의 지역문화들이 모여 하나의 커다란 모자이크를 구성할 수 있는 문화전략의 수립이 요구 되고 있다. 우리 정부는 세계인과 공유할 수 있는 역사 경험과 다양한 문화 자산, 민주 · 인권 · 평화의 정신적 가치를 지닌 광주를 '아시아문화 중심도시'로 집중 육성하기 위해 특별법을 지정하고 행정 정책을 수립하여 시행하고 있다. 이에 발맞춰 아시아문화의 창조적인 에너지를 전 세계로 공급하는 문화발전소 역할을 하게 될 '국립아시아문화전당'을 2015년 개관하였고, 문화로 숨 쉬며 문화가 도시 곳곳에서 호

188) 순천대, 경상대는 지리산권에 대한 문화를 전문적으로 수행할 수 있는 연구기관을 설립하였다.

르는 환경을 만들기 위해 권역별 특색에 따라 '7대 문화권'을 조성하는 사업을 시행하고 있다.

국립 아시아문화전당은 생산과 소비를 함께할 수 있는 문화적 역량을 지닌 미래의 도시를 육성하기 위한 목표와 방향을 수립하였다. 또한 아시아의 다양한 문화 자원을 수집하여 현장에서 활용할 수 있는 '문화콘텐츠'를 확보하는 데 전략적 소구점을 설정하여야 한다. 문화콘텐츠를 조사하고 연구하는 역할을 담당한 '문화정보원'이 그동안 실시하다 중단한 바 있는 '스토리자원 조사사업'을 재개했으면 한다. 아시아인의 다양한 심성이 배어 있는 스토리자원의 조사 · 연구를 통해 다양한 문화콘텐츠를 확보할 필요가 있다. 또한 지역의 특색 있는 콘텐츠를 생산하고 문화를 담아 지역과 소통할 수 있는 다양한 방안을 수립할 필요가 있다. 특히 우리 지역의 문화콘텐츠를 전당에 담아내는 여러 방법에 대해 고민이 필요하리가 생각된다. 우리 지역에서 삶을 영위한 사람들의 흔적들이 배어 있으며 고유한 심층적 문화들이 투영된 '무등산 스토리자원'을 대안으로 제시될 수 있다. 무등산 스토리자원의 활용을 통해 국립아시아문화전당의 개선점으로 지적된 지역적 감성들을 찾게 될 수 있는 계기를 마련하길 기대한다.

무등산은 국가 지질공원으로 승인되었으며, 유네스코 세계지질공원으로 지정되었다. 이와 함께 국립 공원관리공단에서는 탐방객을 위한 다양한 편의 시설을 마련하고 있으며 광주시에서도 무등산권 유네스코 세계지질공원 연구진흥원 설립을 위한 용역조사를 실시한 바 있다. 무등산은 외형적인 면에서 그 규모와 시설이 확대되고 바뀌었으나 내용을 들여다보면 개선할 점이 적지 않다. 탐방객의 증가는 일시적 특수일 수도 있으며 관심이 사라지면 그저 평범한 산으로 전락할 수도 있다. 이것은 무등산을 다른 산과 어떻게 차별화할 것인가? 라는 고민에 빠지게 한다.

무등산은 번화한 도심에서 정상까지의 거리가 9.2km로 그만큼 사람들 곁에 가까이 있어서 다양한 방식으로 소통한 흔적들이 있다. 그 흔적은 옛 선조들의 스토리자원에 남아서 여러 유형의 문화콘텐츠로도 활용될 수 있다. 무등산에는 김덕령의 흔적과 유산기의 주인공이 산을 즐겼던 스토리자원이 문헌과 전설에 남아 있다. 이러한 무등산 스토리자원은 문화콘텐츠로 가공하여 현재에 사용될 수 있는 다양한 형태의 문화산업재로 활용되어야 할 것이다. 이런 스토리자원들을 통해 색다른 시간여행을 즐길 수 있는 기회와 경험을 주기에 충분한 무등산은 산업재로서 훨씬 풍부하게 즐길 수 있는 문화적 공간으로 전환을 모색했으면 한다.

무등산은 다양한 가능성과 비전을 간직한 소중한 문화콘텐츠의 보고이며, 과거와 현재를 연결하는 통로 역할을 하는 소중한 문화자산이다. 또한 여러 형태의 콘텐츠로 활용될 수 있으며, 이 시대를 살아가는 사람들에게 다양한 문화적 소통과 교섭의 코드로 널리 활용될 수 있을 것이다.

3. 스토리자원의 활용을 위한 스토리텔링 전략

21세기는 문화의 시대를 넘어 문화를 상품으로 매매하는 '문화산업시대'라 할 수 있다. 고부가가치 산업으로 각광받는 문화콘텐츠 산업은 해마다 엄청난 속도로 성장하고 있다. 선진국은 문화콘텐츠 산업을 국가의 전략 산업으로 육성하고 있으며, 문화자원을 활용하여 문화콘텐츠 산업을 진흥시키려는 정책을 펼치고 있다. 바야흐로 문화콘텐츠 시대에 살고 있는 셈이다.

문화콘텐츠 산업의 성공은 소비자에게 꿈과 감성을 전달하고 소구하기 위한 방법의 개발 여하에 달려있다. 소비자의 감수성을 자극하고 아름다운 꿈을 꾸게 함으로써 만족도를 높이는 것이 문화콘텐츠 산업의 지향점이다. 여기에 가장 적절하고 효과적인 방법은 스토리자원을 활용하여 다양한 문화콘텐츠를 제작하는 것이다. 세방화 시대를 맞아 문화적 역량이 해당 지역의 경쟁력을 좌우하며, 지역이 어떤 문화 자원을 간직하고 전승하고 있는가의 여부가 매우 중요한 경쟁력이 되고 있으며, 지역이 품은 다양한 스토리자원에 대한 보존과 전승 및 활용은 '현대적 담론'에 있어 문화적 가치를 발현하는 주요한 척도가 되었다.

이에 무등산 스토리자원이 문화콘텐츠로서 잠재적인 가능성과 문화산업 현장에서 이용된 사례 분석을 통해 다양한 활용방안을 제시하고자 한다.

가. 스토리자원과 문화콘텐츠의 상생적 결합

문화콘텐츠와 스토리자원과의 만남은 낯설다. 문화콘텐츠가 기민하게 트렌드를 반영하여 첨단에 서 있다면, 스토리자원은 상상력의 산물로 취급되어 합리성의 그늘에 묻혀버린 옛날이야기 정도로 폄하(貶下)되는 까닭에 이 둘 사이의 거리는 결코 가까워 보이지 않았다. 최근에 문화콘텐츠 분야에서 스토리자원의 중요성이 날로 높아지고 있다. 설화 등의 구전자료는 스토리텔링의 원천 자료로서 자주 활용되고 있으며, 향후 더욱 가속화 될 전망이다. 굳이 판타지 소설, 게임, 영화, 드라마 등의 제목을 하나하나 들지 않더라도 그 사례를 쉽게 찾아 볼 수 있다.

스토리자원은 상상력과 창의성을 강조하는 문화콘텐츠 산업이 급부상하면서 '상상력의 보고'로 인식되기에 이르렀다. 문화콘텐츠와 스토리자원은 문화적 가치의 수렴과 창출을 통하여 대중적 지지를 확보함으로써 생명력을 갖는 공통점을 발견할 수 있다. 이와 같은 유사성을 기반으로 하는 문화콘텐츠와 스토리자원의 생산적 결합은 낯설지만 필연적이라고 볼 수 있다. 대중적 확산과 지지를 확보할 수 있는 여러 자원에 대하여 개방적 포식을 좋아하는 문화콘텐츠의 입장에서는 오랜 시간 다양한 양상으로 향유자들의 참여와 검증을 거치며 고유의 소비계층을 확보한 스토리자원은 더할 나위 없는 원천자원에 해당될 것이다. 또한 새로운 문화 환경에 자신의 의미와 위치를 찾아온 스토리자원이 지식기반 사회의 첨병으로 각광받고 있는 문화콘텐츠와의 결합은 새로운 '상생의 지평'을 열어 줄 것으로 생각된다. 많은 연구자에게는 지금의 인문학적 한계를 벗어나 보다 현전적인[189] 학문으로의 발전가능성을 모색하게 하는 중요한 기회가

189) 여기서 말하는 현전화(現前化)란 전통적인 옛 문화를 오늘을 살아가는 현대의 문화로 만드는 작업을 뜻한다(나경수, 「호남지역 전통문화의 현전화를 위한 활로 모색」, 『호남문화연구』 제39집, 전남대학교 호남학연구원, 2006).

될 것이다.

문화콘텐츠는 '문화'와 '콘텐츠'의 합성어다. 즉 '문화적 속성'과 '콘텐츠적 속성'이 생산적으로 결합한 것이 문화콘텐츠인 것이다. 여기서 '문화'는 삶을 꾸려나가는 데 있어서의 총체적인 것을 의미하며, 동시에 그것을 바탕으로 한 의식적인 창조물을 뜻하기도 하며, 양자가 긴밀한 상관관계를 이루고 있는 사실도 분명하다. 문화는 삶의 기반이 되는 역사적 토대와 현재적 의미의 다양한 내용을 확충하는 역동적인 상호 필요충분조건에 의해 끊임없이 변하고 새로 창조되는 일련의 속성을 지니고 있다. 따라서 문화는 현재적 요구로부터 자유롭지 못하다.[190] 현대 문화는 자본주의 기본 구조인 생산과 소비 그리고 시장의 경제적인 생산체계에서 자유롭지 못 하다는 것이다. 좀 더 많은 시장의 요구를 기대하며 보다 적극적이고 능동적인 자세로 자신의 영역을 개방하는 당대적 요구를 갖고 있다. 그러한 적극적이고 능동적인 변신의 매개체가 콘텐츠라고 할 수 있다. 그러기에 문화와 콘텐츠는 서로 대립하는 관계가 아니라 상호보완적이며 서로 상관적 관계라는 의미가 더 설득력이 있다.

'창작에 의해 만들어진 문화', '예술 작품을 기반으로 하는 산업'을 문화산업이라고 한다면, '놀이와 감상의 성격'을 강화한 것을 엔터테인먼트 산업이 되고, 그 가운데는 상업화의 가능성이 높고 매체 연계성이 높은 분야를 문화콘텐츠로 정의할 수 있다.[191]

190) 한주리, 「문화콘텐츠산업의 유연전문화 연구」, 경희대 박사학위논문, 2006, 7쪽.

191) 심상민, 『미디어는 콘텐츠다』, 김영사, 2002.

문화콘텐츠는 다양하고 포괄적인 성격을 아우르면서 상업화 가능성, 즉 재화적 가치를 얼마나 극대화 할 수 있느냐가 중요한 변별적 자질이 된다고 할 수 있다. 이러한 맥락에서 문화콘텐츠는 재화로서의 기능과 문화로서의 기능을 동시에 수행하는 독자적 특성을 확보하고 있다. 그렇다면 문제는 독립적이지만 생산적 결합을 통해 가치를 발현하는 이 두 요소를 어떻게 효과적으로 결합하고 구현할 것인가, 문화적 역량을 중심으로 문화콘텐츠의 생산력과 영향력을 극대화할 것이냐 등에 대한 보다 실천적인 고민이 요구되는 것이다. 동시에 재화적 가치를 극대화하기 위한 다양한 요소와 기능을 문화적 가치와 어떻게 유기적으로 상관시켜 갈 것인가에 대한 고민도 필수적인 문제이다.

스토리자원은 이러한 측면에서 매우 유용한 논의 대상일 수 있다. 스토리자원은 문화적 방식으로 세계의 신비를 설명하거나 무수한 세월에 의해 걸러진 표상과 스토리라는 문화적 정수를 내포한다는 점에서 문화적 역량을 바탕으로 재화적 가치를 창출해야하는 문화콘텐츠와의 뚜렷한 상관성을 쉽게 발견할 수 있기 때문이다.

스토리자원 중에서 신화가 세계의 기원을 설명하는 최초의 기능을 상실하면서 차츰 민담이나 전설로 격하되고 나아가 소설 등의 문학작품 소재로 활용되었다. 신화의 내용은 변모하고 기능은 약화되었지만, 인간의 상상력에서 그 기능은 변함없이 유지되었다.[192]

신화는 세속화 과정을 거치면서 다양한 장르의 소재로 활용되었

192) 최애리, 「현대영화에 나타난 중세신화의 요소들」, 『문학과 영상』 제5권 제1호, 문학과 영상학회, 2004.

으며, 신화적인 바탕에 기반을 둔 상상력은 지속되는 경향을 보였다. 이것은 기존의 문화적 역량을 토대로 하는 문화콘텐츠의 특성과 부합하며, 동시에 재화적 가치로만의 편향을 견제할 수 있는 중요한 요소로서 스토리자원의 가능성을 알 수 있다. 또한 이런 요소는 문화콘텐츠의 관점에서 보면 스토리자원이 원천 콘텐츠로서의 장점을 모두 가졌으며, 동시에 스토리자원을 통한 문화적 가치의 확보가 용이하다는 점을 의미한다.

이는 곧 무등산 스토리자원도 다양한 문화콘텐츠와의 상생적 결합이 가능하다는 결론을 내릴 수 있게 한다. 이 장에서는 위와 같은 결론을 중심으로 무등산 스토리자원이 과거의 잔존상태에서 벗어나 스토리자원의 특성을 기반으로 어떤 형태의 문화콘텐츠로 활용할 수 있는 지에 대해 방안을 살펴보도록 하겠다.

나. 스토리자원의 문화콘텐츠화 가능성

역사성, 사회문화성, 사상성은 구비자료를 기반으로 하는 스토리자원의 특성이라고 할 수 있다.[193] 이 특성들을 바탕으로 문화콘텐츠로 전환할 수 있는 가능성을 살펴보면 다음과 같다.

스토리자원의 '역사성'은 '신화'의 특성을 통해 알 수 있듯이 초자연적 존재의 행위를 통하여 우주라는 실재를 말한다. 또한 인간의 모든 의례와 주요 활동-식사, 결혼, 노동, 교육, 예술, 지혜-에 대한 모범을 제시한다. 세계가 존재하고 인간이 존재하는 것은 처음에 초자연적 존재가 창조력을 행사하였기 때문이다. 그러나 우주 창조 위에

193) 정소영, 「전래동화에 나타난 설화 수용양상연구」, 조선대 박사학위논문, 2004.

다른 사건이 생기고 인간이 오늘의 모습으로 된 것은 그러한 신화적 사건의 직접적 결과이고 사람들은 그러한 사건에 의하여 구성되었다는 것이다. 이 구성된 역사성은 문화콘텐츠에 다양한 내용과 서사구조를 형성하게 된다. 사건을 발생시키고 전개하여 창조적 결과물을 제공하는 일련의 서사적 구성을 제공하여 단단한 스토리를 창조하게 하며, 문화콘텐츠에 다양한 아이디어를 제공하고 여러 가지 기획구성 요소를 도출함과 동시에 콘텐츠 탄생에 결정적 계기를 제공해 준다.

스토리자원의 '사회문화성'은 '민담'의 특성에서도 드러난다. 이 사회문화성에서는 현실의 욕망 충족, 정치적 질서의 혼란, 정쟁과 정변으로 인한 백성의 생존위협에 대한 방어, 저항, 인간적 삶의 중시 등이 문화콘텐츠의 가장 중요한 요소이다. 사회문화성은 수용계층의 욕구를 자극하여 시장적 가치를 결정하는 요인으로 작용한다. 이런 사회문화적 요소에 의한 문화콘텐츠의 향유자는 감동을 매개로 보다 많은 시장 소비욕구를 갖게 되고, 문화콘텐츠를 재창조하며 생산과 재생산을 끊임없이 촉진하는 요소로 작용하게 된다.

스토리자원의 '사상성'은 우리의 민족성 및 종교, 철학에 따른 삶의 생산방식으로 '정체성적 특성'을 지닌 문화콘텐츠 산업의 '가치사슬(value chain)' 역할을 할 수 있는 요소이다. 소비재로서 가치를 지닌 문화콘텐츠는 기존 '상품'과는 달리 인간을 소재로 하면서 공감하고, 인간 본연의 다양한 감성에 호소하여 감동 · 분노 · 사랑 등의 반응을 유도하는 휴머니즘적 예술성이 기반이 된다. 단순한 '상업적 상품'에서 벗어나 내면적 삶을 표현함으로써 한 번 쓰고 버려지는 재화가 아닌 또 다른 문화적 생산물을 재창조하는 가치재로서의 성격을 띤다.

스토리자원은 이와 같이 역사성 · 사회문화성 · 사상성의 특성을 지님으로써 다양한 서사구조와 함께 소비를 촉진하고, 문화콘텐츠만의 고유한 가치를 제공하게 된다. 완벽한 구조의 원형적 생산물로서, 문화콘텐츠에 다양하게 활용하여 고부가 가치의 창출을 도모한다. 문화콘텐츠는 OSMU[194]가 가능한 산업으로서 특성을 가지고 있다. 하나의 원천소스를 다양한 방식에 활용하여 여러 장르의 매체로 전환함으로써 부가가치를 극대화한다는 개념이다. 한 편의 창작 작품은 다양한 윈도우(Windows) 즉 애니메이션 영화, DVD, 공중파방송, 캐릭터, 게임으로 만들어질 수 있다. 원형의 상품성이 기초가 되어 파생 상품으로 만들어지면 다양한 분야에서 이익을 창출할 수 있음을 의미한다.

영화, 애니메이션 등의 문화콘텐츠 산업의 중요성을 강조하여 OSMU라는 용어를 자주 거론하지만, 이를 실제로 적용하는 일은 결코 쉬운 일이 아니다. 스토리자원의 상품성이 시장에서 완벽하게 환영을 받아야 하고, 서사구조와 파생 상품의 완성도 또한 높아야 한다. 결국 파생 상품을 개발이 쉬울지 모르지만, 개발보다 더 중요한 것은 소비자의 수용과 적정한 시장 수요의 확보이다.

지역의 독창적인 문화 자원을 가공하여 원천소스로 활용한 문화상품이 세계적인 히트를 치고 있다. 무등산의 스토리자원의 활용도 마찬가지이다. 현대적 매체 및 변화된 트렌드와 결합을 통해 문화콘

194) One Source Multi Use

텐츠로 전환할 수 있는 다양한 방안에 대해 고민할 필요가 있다. 무등산 스토리자원도 시장에서 성공할 수 있는 문화콘텐츠로 활용하기 위한 세밀한 전략 수립이 필요하다.

다. 스토리자원을 활용한 문화콘텐츠 전환 사례

스토리자원을 활용한 문화콘텐츠 전환 사례를 찾는 것은 그리 어려운 일이 아니지만 어떻게 유형화 할 것이며, 장단점을 분석하여 보다 나은 생산 방식을 찾아내는 것의 문제는 그리 간단치 않다.

먼저 최근 스토리자원을 활용하여 성공한 사례를 문화산업 부문에서 살펴보고자 한다. 이는 스토리자원 자체를 전환시켜 유형화한 경우와 스토리자원의 구조나 소재를 활용한 경우 등으로 나누어 볼 수 있다. 가장 대표적인 작품을 중심으로 유형화한 사례들을 찾아보면 다음과 같다.

먼저 스토리자원 그 자체를 대중적인 문화콘텐츠로 전환한 사례는 '만화로 보는 그리스 · 로마신화'를 들 수 있다. 이 책은 1권부터 20권까지 1천 5백만 부 이상의 판매량을 보이면서 또 다른 신화열풍을 주도하였다. 이와 같은 결과는 학습만화라는 틈새에 주목하고 '그리스 · 로마신화'를 중심으로 시대적 트렌드를 파악 한 후 콘텐츠 개발에 적극 반영한 결과였다. 신화가 스토리자원이 되어 학습만화로 출판되어 대중성을 검증받았으며, 또 다른 매체인 애니메이션 활용되어 '올림푸스 가디언'이란 타이틀로 재탄생함으로 발전적 변환을 시도함으로 국내에서 장르 간 시너지 효과를 극대화한 첫 성공사례가 되었다. 특히 눈여겨 볼 전략은 '그리스 · 로마신화'를 원천소스로 활용한 사실이다. 그리스 · 로마 신화를 기반으로 삼았기에 대중적인 인지도가 높았으며, 구체적이며 전체적인 내용을 상세하게 알지 못하더라도 누구나 쉽게 이해할 수 있는 만화를 통해 문제점을 해소하고 있다. 더욱이 그리스 · 로마신화는 서구문화의 정신적 뿌리라는 점과 대학입학시험 문제에서 신화가 지문으로 출제되는 빈도가 높은 점 등을 주목하며, 문화산업 상품으로 판매되었으며, 당시 소설가 이윤기를 중심으로 불고 있던 신화열풍을 대중적인 콘텐츠인 만화로 전환시켰다는 점도 당시에 시장상황을 고려한 성공전략으로 파악할 수 있다.

만화의 성공에 힘입어 제작된 애니메이션 '올림푸스 가디언'의 경우도 비슷한 맥락에서 이해할 수 있다. '올림푸스 가디언'은 만화의 인기로 인하여 자칫 식상할 수 있는 소재라는 점과 함께 누구나 아는 유명 신화라는 위험요소를 안고 있었다. 이러한 어려움에도 불구하고 애니메이션의 OSMU를 통해 시장의 규모를 키우는 마케팅을 전개하여 위험요소를 극복하였다. 철저한 향유자 중심의 분석을 통해 향유수준과 취향에 맞는 제작 방향을 설정하였다. 초기 시나리오와 스토리보드는 일본의 작가들에게 의뢰하였고, 제작 노하우를 전수받아 창작수준 향상을 도모했다. 또한 원작 만화의 캐릭터와 차별화 된 특화 전략을 구사하였으며, 원작의 과감한 생략으로 애니메이션의 극적 긴장을 강화하고, 분야별 감독 시스템을 통해 콘텐츠의 질을 향상시켰다.

이상에서 살펴 본 봐와 같이 '만화로 보는 그리스 · 로마신화'와 '올림푸스 가디언'의 성공요인은 스토리자원을 만화와 애니메이션으로 전환하기 위한 장르별 특화 전략의 구사와 분명한 기획 의도, 정확한 향유자의 설정 및 향유 수준과 취향에 대한 적극적인 고려였다고 할 수 있다. 이 사례를 통해 알 수 있듯이, 스토리자원을 문화콘텐츠로 전환시키는 경우에는 장르별 특성을 적극 반영하고, 전환 목적에 따른 구체적인 전략 수립이 필요하다. 원천 콘텐츠로서 신화를 어떤 수준으로 얼마만큼 반영할 것인가도 향유자의 설정과 수준에 따라 결정할 문제이다. 또한 콘텐츠의 성격과 기획 목적을 분명하게 설정하고 우선적으로 반영해야 한다. 즉 '만화로 보는 그리스 · 로마 신화'는 정보전달과 만화적 요소의 효과적 결합에 중점을 두었고, '올림포스 가디언'은 만화로 원형 스토리를 학습한 향유자의 접근을 염두에 두고 애니메이션의 장르적 특성을 적극 반영하였을 뿐만 아니라, 시장성에 중점을 둔 전략을 통해 성공을 거둘 수 있었다.

무등산 스토리자원의 경우도 위의 사례처럼, 스토리자원을 소재로 다양한 장르의 문화콘텐츠로 전환이 가능하다고 본다. 예를 들어 역사적 인물 김덕령을 소재로 한 만화, 애니메이션, 게임을 제작하고 다양한 분야의 문화상품으로 재가공하여 시대적 트랜드와 시장전략을 반영한다면 성공할 수 있는 콘텐츠로 가능성을 지지고 있다고 할 수 있다.

다음으로 스토리자원의 구조와 소재를 활용하고 환상성을 토대로 문화콘텐츠화한 사례로 '해리포터' 시리즈, 각종 게임 등과 같은 판타지물에 대해 살펴보고자 한다.

이들 작품은 북유럽에서 전해 내려오는 신화나 전래동화를 소재로 활용하여 판타지적 요소와 결합함으로써 환상적 전개구조를 극대화하였다. 판타지물은 스토리자원 자체에 대한 정보 제공이 목적이 아니라, 환상적 공간과 극적인 내용을 창출하는데 있다. 신화나 전래동화에 현재적 서사물의 구성요소를 첨가하고 다시 재창작의 과정을 거쳐 탄생하였다.

이러한 시도는 원형스토리의 범주에서 벗어난다고 할 수 있다. 그러나 스토리자원이 누대에 걸쳐 다양한 필터링 과정으로 걸러진 문화적 정수로서 존재해왔다는 점에서 현재적 요구에 부응하기 위해 설화적 요소가 결합되는 일종의 크로스오버(Cross Over)적 현상으로 볼 수 있다. 또한 향유 과정에서 신화적 맥락의 학습과 경험을 토대로 리터러시(literacy)[195]가 이루진 측면도 고려된다. 광범위한 대중적 지지와 지속적인 충성도를 요구하는 문화콘텐츠의 속성을 고려할 때 스토리자원의 구조와 소재의 변용은 매우 유용하고 효과적인 전환의 축이라 할 수 있다.

> 해리포터는 주제는 권력과 법, 선과 악, 스포츠와 광고, 인종과 혈통 계급과 노동문제 등 현대 문화의 제반 문제를 망라하고 있으며, 장르도 학원물, 판타지, SF, 블록버스터, 애완동물의 세계, 코믹, 멜로, 추리, 범죄, 서스펜스, 미스터리, 법정, 스펙터클, 스포츠 등의 전 요소를 혼용하고 있다. 이처럼 '해리포터'는 끊임없이 새로운 창(윈도우)으로 안내하며 새로운 이야기를 이끌어가는 하이퍼텍스트 문학처럼, '환상'이라는 거대한 동화적 형식 속에서 현존하는 다양한 장르를 포섭하는 서사물이다.[196]

195) 문자를 읽고 쓰는 능력을 의미할 뿐만 아니라 근본적 해석 능력까지를 말한다.
196) 최기숙, 「새 세대의 문화기호, '해리포터' 읽는 아이들 : 해리 포터, 롤링 조앤 K. 著〈書評〉」, 『당대비평』 제5권 제3호, 도서출판 삼인, 2001, 402쪽.

‘해리포터’의 경우 모험을 일상적으로 유희화(遊戱化)하는 과정에서 원천 소스와 서사적 내용을 필요에 따라 전환하여 사용하고 있다. 그것이 영화로 제작되면서 수익창출의 요소가 삽입되었고, 최대 수익을 올릴 수 있는 문화상품이 등장하였다. 흥미로운 점은 신화적 요소는 작가가 부분적으로 변형하거나, 또는 구체적인 설명과 맥락을 제시하지 않고 등장하는 경우가 대부분이기 때문에 향유과정에서 이차적인 향유활동이 활성화되었다. 이로 인한 부가적인 지식의 제공이 콘텐츠에 대한 관심과 흥미를 배가시킨다는 점이다. 하지만 스토리자원의 구조나 소재에서 그 고유의 맥락을 누락시키고 활용할 경우 원형스토리가 지니고 있는 풍부한 문화적 의미가 사라지게 되고 판타지에만 매몰되는 결과를 가져온다. 최근 온라인 롤플레잉 게임(On-line Role Playing Game)에서 유사한 경향이 확인된다. 스토리자원이 지닌 문화적 정수는 빼버리고 기능만을 활용하는 매우 빈약한 사례에 해당된다. 문화콘텐츠 입장에서도 광범위한 대중성이나 지속적인 충성도를 기대하기 어렵고, 콘텐츠의 OSMU는 불가능하거나 빈약해진다. 따라서 스토리자원의 구조와 소재의 효과적인 전환방식이 중요하며, 문화적 가치를 함유한 상태를 유지하면서 창조적인 현재성을 확보할 수 있는 방안이 마련될 필요가 있다. 이것은 문화콘텐츠의 다양한 관점에서 실천적인 연구와 논의가 진행될 때 보다 생산적인 결과를 얻을 수 있을 것이다.

논의된 방식에서 볼 수 있듯이, 스토리자원을 활용한 문화콘텐츠로의 전환의 전제는 ‘현재성’에 있다. 스토리자원이 문화콘텐츠 상품으로 시장에서 살아남기 위한 구조는 지속적으로 현재성을 확보하기 위한 노력이다. 스토리자원이 어떤 역할로 특화되든 그것은 현재성을 기반으로 발현될 수밖에 없다. 현재성은 대중적 요구와 지지라는 전제를 갖는데 대중성의 중심에서 얼마나 효과적인 향유를 구현할 수 있느냐에 달려 있다. 따라서 스토리자원의 문화콘텐츠로의 전환 과정에서 주목하여야 할 또 하나의 요소는 향유를 활성화시킬 미시적 콘텐츠의 효과적 활용 여부이다. 그것이 역사적 사건이든, 특유의 복식이나 음식문화가 되었든 다양한 미시적 콘텐츠가 향유자에게 얼마나 효과적으로 제공되었느냐가 대중성 확보에 중요 요소가 되기 때문이다. 따라서 스토리자원이 문화콘텐츠에서 그 쓰임을 확대 · 지속하기 위해서는 현전성(現前性)에 대한 탐구와 전환방식에 대한 구체적인 연구가 필수적이다.

'신화는 사실에 입각해서 정보를 주기 때문이 아니라, 향유자들의 필요에 의해 항상 유효하기 때문에 진실'이라고 했다.[197] 스토리자원의 유효성(有效性)은 자원의 본래적 기능과 현재성과 상관되는 말이다. 스토리자원은 이 세상과 존재하는 다른 어떤 세상에 대해 이야기한다. 그것이 직관적으로 감지하는 것에 구체적 형태를 부여하는 일이든, 일상적 경험 너머의 숭고한 순간에 대한 설명이든, 말 그대로 우리와 다른 신의 이야기이든, 이 세상과 함께 존재하나 다른 곳의 이야기라는 점에 주목할 필요가 있다. 다른 곳의 이야기를 통해 미처 깨닫지 못한 세계의 진실을 드러낸다. 작품의 의식적 차원에서는 설명되지 않은 다양한 요소들이 스토리자원의 구조와 이해를 통하여 그 의미가 선명하게 드러나게 된다.

197) 카렌 암스토롱, 이다희 역, 『신화의 역사』, 문학동네, 2005, 17쪽.

아더왕 문학은 중세인들이 앞선 시대의 해체된 신화적 잔재들을 가지고 새로이 이룩한 문학적 자산이다. 서양 중세는 서구 문화가 자기 정체성을 획득해 가는 시기로 비록 기독교 사회였다고는 하지만 이전 시대의 유산을 자기 것으로 소화하고자 애를 쓰면서 고대 이교 문화의 유산인 그리스 · 로마신화나 서구의 토착신화라 할 켈트 신화를 모두 자기 식으로 해석하고 창조했다. 중요한 것은 그러한 옛 신화의 바탕에서 출발한 이야기들이 새로운 신화, 중세 고유의 신화를 만들어내기에 이른다는 사실이다. 신화라는 것이 인간에게 세계를 이해하고 해석할 수 있게 해주는 일종의 상징체계라고 한다면, 중세인은 자신들의 세계를 정립하기 위해 고유한 신화를 창출했던 것이다.[198]

위의 인용문은 아더왕 이야기의 신화적 내용과 동화로의 재탄생의 사례를 들고 있다. 황무지가 된 세계의 회복, 회복의 관건이 될 세계의 숨은 비밀, 그 비밀이 감추어져 있는 배후의 세계, 그 세계의 주인인 초자연적 존재, 탐색의 여정을 인도해줄 여성 등은 신화적 원형을 의식하지 않더라고 현대인의 상상의 일부를 이루고 있다. 과거의 일어났던 일과 관련되면서 일관적 구조를 지니는 신화의 특성이 반영된 결과이다. 이러한 변화와 일관적인 결합을 통하여 '신화적 언어'는 사회에 근원적인 은유, 지배적인 이미지를 공급함으로써 세계의 무작위성을 잠재우는 새로운 코드를 제공한다. 바로 이러한 요소들이 신화를 영원히 살아가게 하는 원천이 되고 있다.

문화산업 외에도 스토리자원은 콘텐츠로서 다양한 부문에서 개발

198) 최애리, 「현대 영화에 나타난 중세 신화의 요소들 : 황무지 회복과 성배(聖杯) 탐색의 이야기를 중심으로」, 『문학과 영상』 제5권 제1호, 문학과 영상학회, 2004.

되고 있다. 특히 역사적 장소성을 지닌 테마공원에 스토리를 부여하여 활성화에 기여하게 된 사례를 참조하였다.

경복궁은 경쟁력 있는 자체 스토리를 발굴하여 관광객을 대상으로 서비스를 실시하고 있다. 해설사가 건물의 유래 등을 설명하는 기존의 형태에서 벗어나 스마트폰이나 관리소에서 제공한 오디오기기를 안내자가 활용하는 방식으로 변화가 이루어졌다. 드라마 혹은 다큐의 장르를 이용하여 경복궁 전각 하나하나에 스토리를 입혀 전달하고 있다. 영제교에는 양녕과 충녕의 스토리가, 경회루에서는 세종과 구종직이라는 신하의 만남이 이루어진다. 또한 수정전에서는 한글을 만든 집현전 학사들이, 사정전에서는 실록을 집필하던 사관과 태종이 방문객을 즐겁게 맞이한다. 이것은 경북궁이 단순히 고궁 방문이라는 관점에서 벗어나 스토리를 품은 테마 공간이 된 사례에 해당된다.

또한 사료를 기반으로 스토리를 활용하여 교육콘텐츠로 구성한 '추사 유배길 스토리텔링'을 주목할 필요가 있다. 김정희의 유배지였던 제주 대정마을의 대정고등학교에서는 추사 유배길 교육콘텐츠를 제공받아 활용하고 있다. 학생과 주민이 '추사 유배길 콘텐츠'를 기획하고, '향토문화 지킴이'로 직접 활동하고 있다. 이는 지역의 스토리자원을 개발하여 현장교육에 직접 활용할 수 있다는 가능성을 보여준 좋은 사례라 할 수 있다.

장소와 연계된 스토리를 통해 관광 프로그램으로 활용된 사례에 주목하고자 한다. 한국관광공사에서는 김훈의 소설 '남한산성' 출간에 맞춰 의미 있는 행사를 진행하였다. 남한산성에서 '병자호란' 스토리를 소설로 출판한 작가 김훈과 독자의 만남을 관광 상품으로 기획하였다. 산을 등반하면서 병자호란 당시 역사 장소의 창작 배경과 인물의 활동무대 등을 작가에게 직접 설명 듣도록 하였다. 단순한 탐방 경로에 이러한 스토리의 대입은 관광객의 몰입을 가져오고, 남한산성을 의미를 지닌 특별한 곳으로 인식하게 된다. 또한 새로 복원한 남한산성 '행궁'에 작가와 독자들이 도착하면, '삼전도의 굴욕'을 주제로 하는 상황 극을 연출한다. 밋밋하게 여기고 무심히 지나친 장소를 스토리자원을 활용하여 매력적인 관광지로 인식하게 하는 관광 콘텐츠이다.

문화콘텐츠와 관련해서 스토리자원의 매력적인 특성을 얼마나 효율적으로 반영하고 전환할 것인가에 대한 전략적 사고가 필요하며, 향유계층의 설정, 소비시장 파악, 구현 매체, 구현 시기, 기대 수익 등 다양한 요소를 고려하는 전략적 사고가 요구된다. 또한 자원의 전환 방식과 시장친화적인 콘텐츠 매체 선정에 대해서도 전략적 사고를 요구한다. 특히 스토리자원이 과거에만 머물러 있지 않고, 다양한 방법과 방식으로 현전화하려는 노력이 필요하며 스토리자원에서 문화콘텐츠로 전환하는 과정에서 다원적이며 통합적인 태도가 필수적이다. 이런 과정에서 스토리자원과 문화콘텐츠를 어떻게 서로 생산적으로 결합 시킬 것인가 에 대한 구체적인 전략에 대한 탐구와 현재의 시대성과 트랜드에 대한 실천적 고민이 필요하다.

무등산의 스토리자원도 소비자의 요구와 필요를 반영하면서, 변화하는 트렌드에 걸맞은 콘텐츠로 개발되어야 한다. 더불어 자원을 활용하여 세계에 보여줄 수 있는 독창적인 '문화브랜드'를 만들기 위한 여러 분야에서 다양한 시도가 이루어졌으며 한다.

이러한 시도들은 무등산 스토리자원이 잔존상태에서 벗어나 보다 진화된 문화콘텐츠로 개발될 수 있도록 해 줄 것이며, 자원이 지역문화를 꽃피울 핵심 콘텐츠로, 나아가 세계에서도 새롭게 보여줄 수 있는 독창적인 '문화브랜드'로 탄생하여 자리매김할 수 있는 계기가 되어줄 것으로 생각된다.

IV

스토리텔링을 통한
문화콘텐츠 개발 방안

Ⅳ. 스토리텔링을 통한 문화콘텐츠 개발 방안

지역 문화을 바탕으로 원천자원을 활용하는 것은 해당 지역 사람의 지식과 지혜가 투영된 물질적 · 비물질적 대상을 통해 공간의 역사성과 동일 공간에 흐른 시간의 흔적을 살피는 경제적으로 환원할 수 없는 문화적 행위라고 할 수 있다.[199] 전통문화자원은 선인(先人)과 우리의 삶을 물리적 · 정서적으로 연결해주고 개인의 정체성 및 지역민의 공동체정신 형성에 구심점 역할을 한다. 그러나 현대 사회에 이르러 지역은 문화적 정서보다는 정치·경제적 가치를 더 우위에 두는 세태로 인해 전통문화 자원은 기능을 상실한 채 점차 사라져가고 있다. 이런 상황들은 지역의 정체성을 해체시킬 뿐만 아니라 지역사를 잊은 사람들로 살아가게 한다.

199) 김영순, 『스토리텔링의 사회문화적 확장과 변용 : 텍스트와 이미지에서 문화교육으로』, 북코리아, 2011, 158쪽.

지역의 전통문화자원을 보존하는 방법으로 문화콘텐츠로의 전환을 들 수 있다. 전통문화 자원이 문화콘텐츠로 개발되면 보존과 동시에 이를 실제로 활용할 수 있는 장점이 있다. 곧 현대적 기능을 부여하고 경제적 가치를 기반으로 미래적 자산으로 활로를 모색함으로써 그 생명력을 유지할 수 있다고 생각된다.

무등산은 오랜 세월 동안 다양한 문화적 요소와 전통을 간직하여 매력적 가치를 지닌 전통문화자원이라 할 수 있다. 이런 다양한 사람들의 삶이 투영된 스토리자원은 콘텐츠 제작의 기본 단위가 되며, 이를 문화산업 소재로서 기능을 부여하고, 가치적 특성을 간직한 콘텐츠로 전환할 수 있는 현대적 활용 방안을 마련하여야 한다.

이에 본 장에서는 무등산의 스토리자원이 활용될 수 있는 다양한 방안을 구상하고 실제로 문화산업현장에서 응용할 수 있는 콘텐츠 모형을 제시하고자 한다.

1. 스토리자원과 테마공원

무등산 스토리자원 역시 테마공원의 콘텐츠로 활용할 수 있다. 각 공간에 테마 스토리를 부여하여 '말 걸기'를 시도하는 방식 등을 고려할 수 있을 것이다. 테마공원은 방문자를 위한 스토리텔링이 개입하지 않으면 성공할 수 없다.[200] 테마공원의 방문자는 그 공간 속에서 움직이고 행동하고 느끼면서 부여된 테마에 대하여 친숙해지면

200) 에드워드 렐프, 김덕현 · 김현주 · 심승희 역, 『장소와 장소상실』, 논형, 2005, 50쪽 참조.

서 의미를 찾고 이름을 부르게 된다.

이처럼 방문자의 지속적인 참여와 테마를 읽어내기기 위한 테마공원으로 활용은 단순히 등산을 위한 산에서 벗어나 문화를 향유함으로 자연과의 교감에 따른 감성을 정점에 다다르게 할 수 있다는데 의미를 가질 수 있다.

가. 테마공원과 무등산 스토리텔링 개발 방안

테마공원은 통상적으로 '주제라는 관념적 울타리를 갖는 공원'으로 규정할 수 있다. 즐거움과 적절한 경험을 제공하는 것으로 주제를 표현할 수 있는 소재로 구성하여 방문객에게 일상을 탈피한 경험을 제공하는 공원[201]이라고 할 수 있다. 요즘 스토리텔링 특성 중 하나는 공간을 테마로 하는 공간 스토리텔링이 강조되고 있다. 테마공원은 시간과 공간의 흐름 속에서 방문자에게 스토리를 형성해 갈 수 있도록 설계하며, 공간에서 수용자가 그 스토리텔링을 상기하면서 체험을 만들어가는 과정의 상호작용이 이루어져야 한다. 즉 테마공원 스토리텔링의 기본 원리는 방문객의 기억과 공간체험의 상호작용이라 할 수 있다.[202]

예를 들어 디즈니랜드는 애니메이션으로 만들었던 설화 속 공간화로 이루어져 있다. '백설공주', '인어 아가씨', '신데렐라' 등의 이야기를 읽거나 애니메이션을 본 방문객은 스토리 속의 등장인물로

201) 최혜실,『테마파크의 스토리텔링』, 글누림, 2008, 18쪽.

202) 정명철,「지역 설화를 활용한 공간스토리텔링 연구」,『남도민속연구』25집, 남도민속학회, 2013, 250쪽.

분장한 캐릭터와 악수를 하거나 사진을 찍기도 한다. 신데렐라의 호박 마차에 앉아 주인공이 된듯한 공상에 빠지기도 한다. 백설공주의 성을 본뜬 모형에 들어가 공주가 살았던 공간의 분위기를 느끼며 과거 독서나 청취 속에 남아 있는 기억을 환기시킨다. 이제 구축된 스토리는 개인의 공간 속에서의 행동, 즉 스토리텔링에 의해 새로운 이야기로 거듭난다.[203] 사람들이 가보고 싶은 곳에는 볼거리와 경관의 아름다움만이 있는 것은 아니며, 그런 곳에는 반드시 매력적인 스토리가 따른다.

무등산의 아름다운 절경에는 항상 스토리가 있었다는 것을 앞서 살핀 자원을 통해 알 수 있었다. 이런 자원을 지닌 무등산을 테마공원으로 개발하기 위한 과정을 단계별로 나누어 무등산 스토리텔링 개발에 대한 방안을 제시해 보려고 한다.

첫 번째로 무등산의 공간 맥락을 파악하고 장소성 도출과정을 알아보려 한다. 무등산 테마 공간의 맥락 파악이 중요한 이유는 공간의 본질을 알기 위함이다. 개체는 고립된 것이 아니라 전체적인 맥락 속에서 서로 만남과 어우러짐으로 이루어진다. 테마 공간의 맥락 파악은 곧 자신의 뿌리를 잊지 않는 것이다. 이는 수신자 관점에서 테마 공간의 의미를 읽어내어 사회적 · 문화적 · 역사적 연속선상에서 공간을 바라보려는 거시적인 태도이기도 하다. 테마 공간의 맥락을 파악하려면 테마 공간의 질(Quality)과 결(Texture)을 파악해야 한다. 질이란 주어진 사건의 종합적 의미와 특징 그리고 전체성을 말하며,

203) 최혜실, 위의 책, 2008, 31쪽.

결이란 질을 구성하는 관계나 세부적인 조직을 말한다.[204] 테마 연속체의 맥락을 파악하는 것은 공간을 있는 그대로 바로보기 위함이다. 이를 통해 테마 공간을 이해하게 되면, 뿌리내리고 살아온 공간의 본질적인 속성을 해치치 않는 범위 내에서 개발하고 발전시켜 나갈 수 있다. 그렇기 때문에 맥락 파악은 테마공원으로 활용을 위한 스토리텔링의 기본이 된다.

테마 공간의 맥락 분석 후에는 장소성(場所性)을 파악해야 한다. 장소성 파악으로 흩어진 현상이 특정한 이미지로 모이면 공간의 정체성을 살릴 수 있다. 이는 스토리텔링을 더 효과적으로 활용할 수 있는 방안이다. '장소성'의 형성 요소는 '시간'과 '가시성'의 두 가지로 구분된다.[205] 장소성은 오랜 시간에 걸쳐 반복적으로 가시적인 현상을 체험함으로써 형성된다. 풍부한 가시적인 요소들이 지속적으로 유지되고, 끊임없이 체험할 수 있는 그러한 공간이 진정한 '장소성'에 해당된다.[206]

한편 무등산의 테마적 맥락과 장소성은 다른 지역에서 찾아볼 수

204) 이동언, 「맥락주의를 건축이론화하기 위한 시도(1)」, 『건축역사연구』 제8권 2호, 한국건축역사학회, 1999, 110~112쪽.

205) 김영순, 앞의 책, 2011, 88쪽.

206) 장소성이 잘 드러나고 있는 대표적인 도시로 프라하를 들 수 있다. 프라하의 장소성은 '신비함(Mystery)'으로 상징된다. 자연환경을 도시계획에 반영함으로써 강화된 도시경관의 신비로움, 외세에 저항하면서 정체성을 유지한 프라하의 전통 기반위에서 형성되었다. 카프카가 묘사한 어두운 모퉁이, 신비스러운 샛길, 감춰진 창문, 지저분한 뜰, 시끄러운 선술집, 비밀스러운 여관들에 대한 스토리적 요소들을 활용한 공간이 프라하를 상징한다(민경호, 『장소의 혼』, 태림문화사, 1996, 127~130쪽).

없는 장점이 있다. 무등산은 중생대 백악기에 형성되었고, 해발 고도 750m이상에 위치한 크고 넓은 주상절리대는 빼어난 자연 경관을 자랑한다. 또한 무등산은 주변의 사람을 위압하지도 않거니와, 둥그스름한 모습이 한결같아 믿음직스럽고 후덕한 느낌을 주는 모습이다. 예로부터 마음의 희망이며 빛을 뿜어내는 진산(鎭山)으로서 장소성을 지닌 곳이라 할 수 있다. 무등산의 장소성 부여와 공간적인 의미 파악은 테마공원으로 활용하는데 필요한 스토리텔링의 목표 설정에 도움이 된다. 테마 공간의 활용과 정체성 형성에 기여하여 지속가능성을 담보하는 긍정적인 역할을 할 것이다.

두 번째로 무등산의 공간에 '테마'와 '스토리'를 부여하는 과정이다. 테마와 스토리는 방문자가 장소성을 체험할 수 있는 발판을 마련해주는 역할을 한다. 공간의 맥락 분석을 통해 도출된 장소성을 특정한 테마로 구체화시키고, 알맞은 스토리를 발굴하거나 구성하는 일은 스토리텔링의 가장 핵심적인 단계에 해당된다. 스토리텔링은 어떤 관념이나 개념적인 정보보다는 체험과 의미를 형성하는 데 있다. 스토리의 사실 여부, 플롯의 완벽성이나 분량의 많고 적음은 상관이 없다. 신화나 전설처럼 자연스럽게 흘러가며, 공간의 정체성을 효과적으로 드러낼 수 있는 것이어야 한다.

모든 공간에는 역사가 있고, 역사는 그 자체로 스토리이다. 역사 스토리는 진정성을 가진 측면에서 매우 큰 의미가 있으며, 진정성은 지속가능함을 의미하기도 한다. 실제로 '경주(慶州)'는 과거의 맥락이 그대로 드러나는 풍부한 경관적 요소의 의미작용을 통해 지속적인 진정성을 가진다. 테마 공간은 인위적으로 조작하지 않아도 다양한 스토리로 채워질 수 있다. 과거 삶과 연속성이 끊긴 공간도 스토리 발굴을 통해 맥락을 다시 살릴 수 있다. 과거의 진정성을 회복하는 방법은 관심과 애정을 가지고 돌보는데 있으며, 그러한 공간은 더욱 애착을 갖게 될 것이다. 이러한 테마 공간의 스토리는 공간 개발이나 기획의 목적에 따라 적절히 변용될 수 있다. 무등산은 오랜 세월동안 다양한 군상의 모습을 담은 스토리를 남겼다. 스토리 부여는 무등산의 장소성과 연결되어야 새로운 의미작용을 도출할 수 있다. 그로 인해 스토리가 진정성을 획득할 때 비로소 공간과 스토리는 생명력을 유지할 수 있을 것이다.

무등산 테마공원 조성을 위한 스토리텔링의 과정을 정리하면 다음과 같다. 먼저 무등산 테마 공간의 맥락을 통해 장소성을 파악해야 하며, 무등산을 있는 그대로 읽어내는 공간의 수신자의 입장을 견지해야 한다. 이는 테마공원으로 활용하기 위한 스토리텔링의 기초 단계에 해당된다. 그 다음으로 무등산에 테마와 스토리를 부여하는 단계이다. 무등산의 장소성을 구체화하고 스토리로써 테마 공간의 소통의 길을 열어 주어야 한다. 이렇게 구성된 테마 공간의 단계를 통해 비로소 무등산 테마공원을 기획하고 구성하는 단계로 접어들게 된다.

이 과정을 거친 후, 스토리텔링은 무등산의 본질을 이해하고 테마공원으로 활용하기 위한 기획의 모형으로서 의의를 가진다. 무등산 스토리자원의 현대적 활용을 바라는 방문자들이 무등산의 테마 자원을 찾아보는 것이 공간과 소통하는 첫걸음이 될 것이다.

〈표 9〉 무등산 테마공원 스토리텔링의 단계별 개발 방안

1단계		2단계		3단계
• 무등산 공간에 대한 맥락 분석 및 장소성 파악	⇒	• 무등산에 대한 테마 설정 및 스토리 부여	⇒	• 무등산 테마공원 공간 기획 및 구성

나. 무등산 스토리자원의 테마공원 스토리텔링

무등산 스토리자원은 다양한 종류의 재미를 대입시킬 수 있는 위락과 문화적인 요소로 개발이 가능한 차별성과 화제성을 가진 콘텐츠이다. 무등산은 현재 법적으로 개발이 제한된 상태이며, 건축물이나 시설물 마련 없이도 무형의 스토리자원을 콘텐츠로 활용한 테마공원 구성이 가능하다.

공간에 스토리텔링을 부여할 때 구체적인 요소로서 스토리의 맥락화가 강조된다. 무등산 공간의 맥락을 분석해 보면, 스토리자원은 몇 가지 테마를 소재로 '스토리지구'를 구성할 수 있다. 스토리의 맥락으로 확인된 원형 이미지인 예술 · 신성 · 생태 · 안민 및 의기를 활용하여 각 공간을 구성 할 수 있다.

〈표 10〉 무등산 테마 스토리지구 구성안

테마 스토리지구	원형 이미지	스토리자원	공간
아트 테마 스토리지구	예술	· 남종화와 허백련 스토리 · 무등산에 활동한 예술가 스토리 · 무송원과 전통문화관	의재미술관, 우재길미술관, 무등산 현대미술관, 전통문화관, 예술인 공방촌
종교 테마 스토리지구	신성	· 증심사와 김방설화 · 천제단과 산악신앙 · 불사 창건 설화	문빈정사, 증심사. 약사암, 규봉암, 원효사, 천제단
절리 테마 스토리지구	생태	· 주상절리 생태 스토리 · 너덜과 지공대사 스토리	서석대, 입석대, 규봉, 지공너덜, 덕산너덜
영웅 테마 스토리지구	안민, 의기	· 무등산과 김덕령 스토리	충장사, 충효동, 주검동, 풍암정

먼저 예술 이미지를 중심으로 '아트 테마 스토리지구'를 구성해 볼 수 있다. 이곳은 남종화의 맥을 이은 허백련의 숨결이 담겨 있는 의재 미술관이 있으며, 우재길 미술관, 무등 현대미술관에서 남도예술인의 숨결을 확인할 수 있다. 또한 광주지역 무형문화재 기능 전수 및 공연 시설인 '전통문화관'이 위치해 있으며, '성촌마을'에 예술인들의 창작 기반 시설인 '예술인촌'을 조성할 예정이다. 이곳은 무등산을 배경으로 활동하였던 예술인의 삶과 창작 세계의 스토리를 테마로 작품 전시, 공연, 예술인 만남, 예술 공방 체험행사 등의 프로그램을 운영할 수 있다.

두 번째는 무등산의 신성 이미지를 중심으로 '종교 테마 스토리지구'의 구성이다. 문빈정사 · 증심사 · 약사암 · 규봉암 · 원효사 등의 불교 사찰을 중심으로 하늘의 제사를 지내던 천제단 등의 공간을 대상으로 지구를 구성할 수 있다. 무등산의 종교 지향 스토리를 중심으로 활용할 수 있으며, 주요 프로그램으로 무등산 천제 재연, 폐사지 탐사, 템플스테이, 명상학교 등의 종교 프로그램과 '생명과 평화'를 주제로 하는 인문학당 등을 운영할 수 있다.

세 번째는 무등산의 자연 생태를 이미지로 하는 '절리 테마 스토리지구'를 구성할 수 있다. 이곳은 '유네스코 세계지질공원' 신청을 앞두고 있는 '서석대', '입석대', '규봉', '지공너덜', '덕산너덜'의 공간을 중심으로 구성할 수 있다. 절리의 특성에 대한 스토리[207]를 중심으로 활용할 수 있으며, '너덜 블록 쌓기', '사진촬영 대회', '절리 만들기' 등의 생태 체험프로그램 등을 운영할 수 있다.

네 번째로 무등산의 '영웅'인 김덕령 스토리를 테마로 '영웅 스토리지구'를 구성 할 수 있다. 먼저 김덕령 장군을 모신 '충장사'와 출생지인 '충효동'을 중심으로 주검동 유적지, 동생 김덕보가 형에 대한 회한을 달랬던 '풍암정' 등을 연결하여 테마 지구를 구성한다. 더불어 김덕령의 삶을 되돌아보는 '전기수가 들려주는 김덕령', '김덕령 전설 탐사' 등 교육 및 체험 프로그램 등을 운영할 수 있다.

또한 무등산의 테마 스토리를 활용한 새로운 탐방 경로를 구성할 수 있다.

---

207) 국내 최고의 주상절리로, 세계에서도 보기 힘든 육지에 위치한 최대의 절리 지대이다. 또한 너들이 함께 위치하고 있는 특징을 바탕으로 스토리를 구성할 수 있다.

첫째, 옛 선비들의 무등산 유람기인 유서석록의 기록을 활용하여 탐방 경로를 개발할 수 있다. 옛 선비들이 명산대천(名山大川)을 유람하고 풍류를 즐겼던 내용을 기록한 유산기의 관련 내용을 참조할 수 있다. 고경명의 유산기(遊山記)는 질과 양 측면에서 매우 빼어나고, 플롯의 구조도 다양하다. 또한 조선 전기 무등산의 자연과 사찰 분포 등의 다양한 정보를 수록한 점에서 큰 의미가 있는 콘텐츠라 하겠다. 유서석록(遊瑞石錄)에 따르면, 고경명(高敬命)은 4박 5일 동안 무등산을 유람하였는데, 음력 4월 20일 증심사에서 하루를 보내고, 21일에 임훈 목사 일행을 취백루에 만나 무등산을 오르기 시작하였다. 사흘째인 22일에 무등산 정상에 올라 천왕봉(天王峯)과 비로봉(毘盧峯)에 악공을 불러 피리 연주를 하면서 흥겹게 놀았으며, 고경명은 무등산 정상에 해당되는 삼봉(三峰)의 아름다움을 시로 표현하기도 하였다. 특히 입석대(立石臺)및 서석대(瑞石臺)의 주상절리의 빼어남을 묘사한 시는 다양한 분야의 콘텐츠로 활용이 가능하다. 이와 같이 유서석록에 나타난 고경명과 임훈 일행의 유람 경로를 따라가며 무등산 탐방 경로를 설정할 수 있다. 고경명과 그 일행이 무등산을 탐방하던 1574년의 옛길 체험은 스토리를 느끼며 즐길 수 있는 방안이 될 수 있을 것이다. 무등산 탐방객이 이용하도록 선인의 삶을 따라가며 체험할 수 있는 새로운 명소로 '유서석록 탐방로'를 지정할 수 있다.

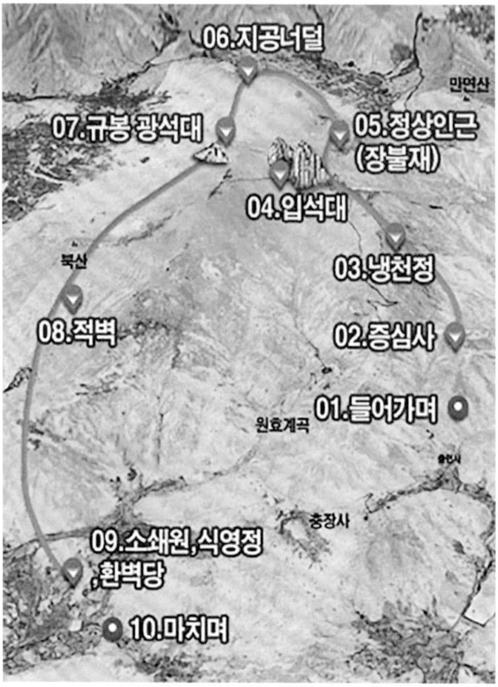

〈그림 17〉 무등산 유서석록 스토리 탐방 경로

둘째, 무등산을 대표하는 인물인 김덕령의 출생부터 성장 그리고 죽음에 이르는 스토리자원을 소재로 삼아 '김덕령 탐방 경로'로 활용할 수 있다.

무등산에는 임진왜란의 영웅이며 역모로 억울하게 생을 마감한 김덕령과 관련된 스토리자원이 곳곳에 전해진다. 그의 생애를 정리할 수 있는 공간을 중심으로 출생부터 죽음까지의 스토리를 지닌 장소를 정리하여 〈표 11〉과 같은 탐방 경로를 만들 수 있다.

〈표 11〉 무등산 스토리 탐방 경로

스토리 탐방 경로	원형 이미지	스토리자원	공간
유서석록 경로	유람	고경명 일행의 유서석록 4박 5일 일정	증심사→냉천정→입석대→서석대→장불재→지공너덜→규봉암→적벽→소쇄원
김덕령 경로	안민, 의기	김덕령의 출생, 성장, 위업, 죽음의 공간 탐방	• 출생 스토리 치마바위, 성안마을, 이치장군대, 오월당터
			• 성장 스토리 성안마을, 서봉사터, 말바우
			• 위업 스토리 주검동, 성안마을
			• 죽음 스토리 성안마을, 충장사

무등산의 스토리자원이 공간 개발 및 기획 의도에 따라 여러 방면으로 운용될 수 있다는 사실을 살펴보았다. 이러한 스토리자원을 무등산의 지형적 특성에 맞추어 다양한 방식으로 운용하면서, 여기에 각 지점을 해설하는 표지판에 QR코드[208]를 사용하는 방법을 제안하

208)사진, 동영상 등의 온갖 정보를 담을 수 있는 2차원의 격자무늬 코드로서 특정 상품의 이름이나 제조사, 가격 등 간단한 정보만 담을 수 있는 바코드와 달리 QR코드는 다양한 형태의 데이터 정보를 기록할 수 있다. 스마트폰의 인식 기능으로 흑백 격자무늬 패턴의 이 코드를 스캔하면 여기에 담겨있는 정보들을 확인할 수 있다. QR코드를 처음 개발한 일본의 덴소 웨이브가 특허권을 행사하지 않아 누구나 자신의 활용 목적에 부합하게 QR코드를 쉽게 제작하고 이용할 수 있다. 최근 기업, 기관 등의 중요한 홍보, 마케팅 수단으로 이용되고 있다.

려 한다.

특정 장소에 대한 설명이 실린 표지판에 QR코드를 부착하면, 탐방객은 소지한 스마트폰으로 스캔하여 콘텐츠로 이용할 수 있다. 스토리지구별 공간을 체험하고 공간에 부여된 스토리 테마 장소를 찾아 다양한 콘텐츠를 즐기면서 산을 오르는 무등산 고유의 '스토리 테마공원'을 구성할 수 있다. 등산과 레저라는 힘들고 지루한 목적의 산행에 머물지 않고, 스토리자원을 통해 그 테마 지구의 장소성을 다양하게 체험할 수 있을 때 다른 곳과 차별화된 공간이 될 수 있을 것이다.

무등산 스토리자원 테마거점 도착 / QR코드 인식 / 스마트폰 연결 / 스토리 테마콘첸츠 이용

〈그림 18〉 무등산 스토리 자원의 테마공원 이용 체계

지금까지 스토리자원을 활용하여 테마공원으로 전환할 수 있는 여러 방안들을 살펴보았다. 스토리텔링에서 중요한 요소는 테마 공간의 장소성과 연결된 의미를 도출하는 것이다. 이런 의미성을 통해 테마 스토리가 진정성을 획득할 때에 비로소 오랜 생명력을 유지할 수 있다.

〈표 12〉 무등산 스토리 테마공원 구성 방안

구 분	내 용
무등산 테마공원 스토리지구	Ⅰ. 무등산 아트 테마 스토리 Ⅱ. 무등산 종교 테마 스토리 Ⅲ. 무등산 절리 테마 스토리 Ⅳ. 무등산 영웅 테마 스토리
무등산 테마스토리 탐방로	Ⅰ. 유서석록 탐방로 Ⅱ. 김덕령 탐방로
무등산 테마공원 구현 방안	Ⅰ. QR코드 스캔을 통한 방식 Ⅱ. 스토리 해설사 진행 방식

2. 스토리자원과 문화 교육

우리의 일상에 다양한 스토리가 있음에도 불구하고 스토리텔링을 학습에 쉽게 적용하지 못하고 있다. 스토리텔링이 어려운 과정을 거쳐야만 된다고 여기기 때문이다. 그러나 스토리텔링은 학생에게 창의력과 상상력을 발휘할 수 있는 유용한 도구일 뿐만 아니라 사고체계를 유연하고 역동적으로 전환시킬 수 있는 기회를 제공하는 효과적인 방법 중의 하나이다.

무등산의 지명이나 전설의 스토리자원은 산, 고개나 동물 · 효 · 사랑 등 우리 일상에서 마주하는 대상과 결부되어 지역의 색채를 강하게 드러낸 방식으로 전승되고 있다. 무등산의 스토리자원은 시간의 흐름으로 나열된 구조도 아니고, 독자의 흥미를 끌 수 있는 서사적인 기승전결의 구조를 갖춘 것도 아니다. 단지 지역 색깔을 강하고 짧게 표현한 단문이나 키워드로 전해지고 있다. 따라서 스토리텔링 창작 과정을 통해 학습자에게 지역 문화의 정체성을 학습할 수 있는 기회를 제공한다면 긍정적인 교육효과를 유발할 수 있다.

이와 같이 볼 때, 지역의 교육에서 무등산 문화자원을 활용한 스토리텔링에 대해 주목하여야 할 것이다. 이에 문화 교육적 측면에서 스토리자원을 활용할 수 있는 방안에 대해 살펴보고자 한다.

가. 문화교육과 무등산 스토리텔링 개발 방안

지역의 문화교육은 지역에 내재된 문화를 습득하는 학습이다. 학습자는 경험과 조사를 통해 자기주도적인 학습 기회를 전개할 수 있으며, 이런 문화교육은 학교나 기관에서 지역을 주제로 하는 강의와 체험교육 등을 통해 이루어지는데 교육적 효과를 극대화하기 위해 스토리텔링을 접목한 교육적 방법이 주목을 받고 있다. 학습자는 지역의 문화를 학습하고, 경험과 체험을 바탕으로 스토리를 재생산하는 과정을 거친다. 이로써 학습자가 지역의 문화전통과 정체성을 익히며, 지역문화자원과 학습자가 소통하고 교감할 수 있게 한다.

이에 무등산 스토리자원을 활용한 교육 스토리텔링 개발 과정에 대해 언급하고자 한다. 교육 스토리텔링 개발은 원형조사, 플롯 구성, 스토리 재생산의 세 단계를 거친다.

첫 단계인 원형 조사는 무등산 스토리자원에 대한 문헌 조사, 현지 조사, 대상 분석으로 이루어진다. 무엇보다 스토리자원의 대상을 분류하는 작업이 먼저 이루어져야 한다. 예컨대 무등산 스토리자원을 인터넷 · 역사서적 등을 통해 사전에 조사한다. 문헌조사 등을 통해 지식을 습득한 후 이야기를 창작할 당사자와 함께 직접 참여하여 현장조사를 실시한다. 현장조사는 크게 면담[209], 문화행위 참여[210], 이미지 촬영[211] 등으로 나눌 수 있으며, 이 과정을 거치며 현장에서 수집된 스토리 내용을 정리하도록 한다. 다음은 수집 자료의 분석단계로 가치 및 시의성과 교육적 활용이 가능한가를 전문가 및 현장활동가와 다각적으로 분석한 후, 구체적으로 교육스토리텔링 방향을 모색하는 단계를 거치게 된다.

두 번째로는 교육 스토리텔링의 주제와 제목, 플롯을 정하는 서사구성 단계이다. 이 스토리 플롯 구성은 교육스토리텔링에서 가장 중요한 단계이다. 문헌조사와 현장조사를 통해 만들어진 파일을 중심으로 실제 이야기를 만들어내는 과정이다.[212] 이 과정은 크게 스토리텔링의 소재 및 주제 설정, 개요 및 유형 결정, 시놉시스 구성 등의 단계로 나눌 수 있다. 스토리텔링의 소재 및 주제 설정 단계에서 스토리의 대주제를 설정하고 유형을 분류하여 작업을 진행한다. 시놉시스 구성단계에서는 자료에 기반을 둔 사실성을 바탕으로 연구자의 창의력에 기반을 둔 허구성의 상반된 성격의 요소가 균형을 맞추

209) 면담은 사전 연락한 면담자와 범위의 제한이 없이 진행하고, 녹취한 후 텍스트로 옮겨야 한다.

210) 문화행위참여는 축제, 동제, 마을 회의 등 지역의 문화 행사에 참여하는 것이다. 이것은 외부인의 관점에서 관찰하는 데에 그치지 않고 그 지역의 정서를 파악하여야 한다.

211) 이미지 촬영은 사진과 동영상을 촬영하는 것으로 현장답사 후 현장감을 익히고 텍스트를 이해하는데 도움을 준다.

212) 김영순, 앞의 책, 214쪽.

어 진행하도록 한다.

세 번째 단계는 구성된 플롯을 토대로 본격적으로 스토리를 재생산하는 과정이다. 시놉시스의 스토리구조를 중심으로 문화교육 현장에서 사용될 수 있는 교육스토리텔링으로 재생산하는 단계로서 현장에서 사용할 수 있는 학습 지도안을 작성하여 실제 문화교육이 진행될 수 있도록 한다.

〈표 13〉 무등산 교육 스토리텔링의 단계별 개발 방안

1단계		2단계		3단계
〈스토리자원 원형조사〉 • 대상지 선정 • 문헌조사 • 현장조사 • 자료분석	⇒	〈교육스토리텔링 플롯 설정〉 • 테마 설정 • 소재 및 주제 설정 • 개요 및 유형 결정 • 시놉시스 구성	⇒	〈교육스토리텔링 재생산〉 • 교육 스토리텔링으로 재구성 및 교육 지도안 작성

나. 무등산 스토리자원의 교육 스토리텔링

지역민에게 간간이 전해지던 스토리가 다음 세대에도 의미를 가지고 전승, 재생산될 수 있게 하는 교육의 방법으로 스토리텔링을 들 수가 있다. 무등산 스토리자원을 활용한 교육 스토리텔링은 학생에게 지역의 문화를 새롭게 이해할 수 있도록 해 주며, 지역문화 자원의 공유를 가능하게 할 것이다.

문화교육 스토리텔링의 주제를 '무등산의 놀이'로 설정하고, 문헌과 현장 조사를 실시하여 자료를 수집한다. 수집된 자료 중 탁족을 즐기던 '선비의 여름나기'라는 소재를 추출하여 설정한다. 이 '선비

의 여름나기'는 역사적 가치에 의한 교육적 연계효과가 크며, 놀이로 연결이 가능하다. '성산계류탁열도'의 도상에 나타난 1590년 여름 성산 일대에 살던 선비들이 식영정(息影亭)과 서하당(棲霞堂) 그리고 환벽당(環碧堂) 주위에 모여 당대의 타열 세시풍속을 즐기고 시회(詩會)를 여는 과정을 대상으로 플롯을 설정하고 다음과 같은 시놉시스를 작성하였다.

〈표 14〉 무등산 스토리자원을 활용한 문화교육 시놉시스[213]

나는 1590년 한 여름 무등산 성산 일대에 살고 있는 김복억(金福億), 김부륜(金富倫), 최경회(崔慶會), 오운(吳澐), 양자정(梁子渟), 정암수(丁巖壽), 정대휴(鄭大休), 김사로(金師魯), 김영휘(金永暉), 임회(林檜)를 초대하였다. 한 여름의 열을 식히기 위한 것도 있었지만 기축년 사화(1589)로 기축옥사의 광풍이 불어 뜨거웠던 여름의 태양만큼 어려운 시기라 서로의 마음을 달래주기 위한 의도였다. 동인과 서인의 정쟁의 소용돌이 속에서 서로 반대편에 서게 된 친우들의 안타까움에 서로 한 자리에 모이게 하였다. 피의 숙청이 진행되고 있던 가장 예민하던 시기에 만나게 된 것인데 한가롭게 예술을 논하고 여흥을 즐길 수만은 없었다. 결국 동인 오운(吳澐)이 서인 정암수(丁巖壽)에게 "송강(松江)은 자신의 뿌리인 호남사람을 모두 죽이려 하는가?" 라는 말에 서로 분위기는 일촉즉발의 위기로 대립하는 듯싶어 내가 중재에 나설 수밖에 없었다. 최경회에게 그림을 그리게 하고 김부륜에게 시조창을 부탁하여 다시 분위기와 흥을 돋게 하였다. 한참을 즐기고 나서 내가 일어나 "비록 지금은 세상이 조금 어수선하고 복잡하나 곧 성리학의 도로

213) 광주문화재단이 2012년 실시한 성산계류탁열도 행사의 대본을 참조하였음.

> 써 행해지는 세상이 오지 않겠소? 그때를 대비해서 우리가 갓끈을 씻으며 세상을 위해 옳게 쓰일 수 있도록 절차탁마(切磋琢磨)하며 준비해야하지 않겠습니까? 정암 조광조 선생이 꿈꾸었던 도학적 이상세계가 곧 올 것이라 믿고 있소. 오늘 우리 이 귀한 만남을 잊지 말도록 합시다. 곧 신선한 가을이 오고 겨울이 올 것이오. 모두들 잘 돌아가시오. 라고 이야기 한 후 서로 격려하고 마지막 인사를 나누었다. 그러나 돌아가는 뒷모습이나 얼굴들은 왠지 밝아 보이지는 않았다. 씁쓸한 표정들이 그들의 얼굴에 스치고 점점 더 굳은 얼굴이 되었다.

위에서 열거된 시놉시스는 『서하당유고』의 저자인 김성원(金成遠)을 일인칭 화자로 삼아 탁열 행사를 회고하는 내용이 중심을 이룬다. 이 시놉시스를 기본으로 현장에서 문화교육을 할 수 있는 방안을 구상 할 수 있다.

무등산 스토리텔링 교육은 그 범위와 대상이 여러 교과목에 걸쳐 있으므로 특별활동이나 재량활동 시간에 실시하는 것이 바람직하다. 수업은 총 5차례에 걸쳐 진행할 수 있도록, 중학교 수업 시간인 45분을 기준으로 삼았다.[214] 각 차시별 지도계획은 다음과 같다.

1차시 수업은 무등산의 스토리자원을 통해 학습자가 지역의 문화를 이해하고, 무등산과 사람들이 어떻게 관계를 맺어 왔는가를 알아보도록 한다. 무등산 지명 유래와 『서하당유고』의 「성산계류탁열도」

214) '자율학기제'의 도입에 따라 각 학교는 개성 있는 문화예술 교육을 실시할 수 있게 되었다. 입시에 대한 부담이 적어 좀 더 자율적인 운영이 가능하고, 연관된 역사적인 배경지식이 있는 '중학생'을 대상으로 문화교육 프로그램을 작성하였다.

의 목판 그림을 분석함으로써 무등산 스토리자원을 이해할 수 있도록 한다.

2차시 수업은 우리 조상이 무더운 여름 나기를 어떤 방법으로 즐겼는지 살펴보고, 기축옥사 등 「성산계류탁열도」의 역사적 배경을 학습함으로써 다양한 상상을 펼칠 수 있는 배경 지식을 습득할 수 있도록 한다. 특히 학습자 대부분이 우리 지역에 거주하고 있다는 사실을 고려하여, 교수자는 당대의 상황을 학습자들 간 서로 토론할 수 있도록 한다.

3차시 수업은 학생과 교수자의 현장조사로 이루진다. 교수자는 현장조사 인터뷰 대상자를 확정하도록 하고, 학생에게 과제를 부여하여 스토리의 정보를 지닌 대상자를 인터뷰하게 한다.

4차시 수업은 학생들이 직접 이야기를 구성하도록 진행한다. 이 수업을 통해 무등산 자원을 자신의 문화로 이해하고 받아들일 수 있도록 한다.

5차시는 창작된 이야기를 발표하고 토론을 통해 서로의 이야기를 수정하는 방식의 수업으로 학생의 창의성과 문화에 대한 이해를 향상시킬 수 있도록 한다. 이상과 같이 총 5차시에 걸친 학습 지도안을 〈표 15〉와 같이 정리하였다.

〈표 15〉 무등산 스토리자원을 활용한 문화교육 수업지도안 모형

주제	선비들의 여름나기	스토리자원	『서하당유고』의 「성산계류탁열도」	교육 대상
원형 이미지	유람	교육 공간	학교, 환벽당, 성안마을, 용소	중학생
차시	항목	주요학습 내용과 활동	교수-학습 형태	보조자료
1/5	무등산 성산계류 탁열도	• 전체 학습목표 이해 • 무등산에 대한 개요 이해 • 스토리자원의 이해 (성산계류탁열도 도상 분석)	· 강의 학습 · 토의 학습	• 읽기 자료 • PPT
2/5	1560년대 무등산 주변에 살았던 선비들	• 한여름의 전통 세시풍속 • 1560년도 조선에 일어났던 사건 • 1560년도 무등산 주변에 살았던 선비들 • 과제 : 성산계류탁열도의 등장 인물 조사	· 강의 학습 · 토의 학습	• 읽기 자료 • PPT
3/5	현장조사	• 현장방문 및 인터뷰 대상자 소개 • 현장 등장인물에 대한 스토리 상상하기 • 과제 : 현장 인터뷰 정리	· 현장 학습	• 인터뷰 • 예시파일 • 쓰기 자료
4/5	이야기의 구성	• 이야기의 기본 개요 작성하기 • 이야기 구성하기 • 과제 : 이야기 작성해오기	· 강의 학습 · 토의 학습	• 이야기 • 기본 개요표 • 읽기 자료
5/5	이야기 수정 및 발표	• 이야기의 수정과 퇴고를 통해 완성하기 • 이야기 발표하기 • 무등산과 주변에 살았던 사람들 이해하기	· 발표 학습 · 토의 학습	• 읽기 자료

학습자는 무등산과 지역 사람이 불가분의 관계를 이룬 사실을 확인하고, 지역문화를 이해하고 활용할 수 있는 학습 능력을 기를 수 있다고 생각된다. 이는 결과적으로 무등산 스토리자원이 자기 지역의 문화를 이해하고 학습할 수 있는 문화교육 프로그램의 좋은 콘텐츠로 활용될 수 있다는 사실을 증명 할 수 있다.

3. 스토리자원과 문화산업

스토리자원은 문화산업을 넘어 일반 산업까지 그 활동범위가 확장되고 있다. 일반 산업분야에서 스토리자원은 홍보 마케팅의 기법, 브랜드 아이덴티티 구축, 조직문화의 유연성을 위한 조직관리 시스템 등에 활용되고 있다. 일종의 전략적 측면에서 고려되는 스토리자원의 활용방식이라 할 수 있다. 반면에 문화산업에서는 콘텐츠 매체의 속성과 결합되어 그 자체가 미디어로 재생산 유통 및 소비되는 상품적 성격을 갖고 있다. 또한 스토리자원에 서사성을 부여하여 흥미와 오락을 이끌어내는 데 유리한 전략적인 활용 가치를 인정받고 있다.

스토리자원과 문화산업의 상관관계는 문화산업 분야의 활용가치에 따라 분류된다.[215] 또한 문화콘텐츠의 OSMU 파급효과에 의해 스토리자원은 문화산업 분야 간의 유기적인 활용도를 극대화시킬 수 있으며, 영상산업 분야에서 영화 · 애니메이션 · 방송드라마 · 게임 등의 시나리오 소재, 공연산업 분야의 연극 · 뮤지컬 등의 대본 소재

215) 한교경, 앞의 책, 2013, 102쪽.

로도 활용된다. 또한 출판물 · 테마파크 · 축제 · 전시 등에서는 스토리 콘티로 활용되기도 한다.

여기에서는 무등산 스토리자원이 영상 · 공연 등 문화산업에 필요한 스토리텔링의 소재로 개발되는 과정을 통해 활용방안에 대한 내용을 살펴보도록 하겠다.

가. 문화산업과 무등산 스토리텔링 개발 방안

문화콘텐츠 산업은 인문학적 지식을 기초로 하는 대표적인 지식기반산업이다. 문화산업의 중심이 되는 스토리자원은 다양한 데이터의 축적을 필요로 한다. 스토리자원을 문화콘텐츠로 개발하기 위해서는 지금까지 무등산과 관계된 수많은 스토리들의 현황을 파악하는 기본 작업이 선행되어야 할 것이다. 이에 가장 먼저 무등산에 대한 스토리자원을 정리한 설화집 · 마을지 · 인터넷 등의 문헌조사가 이루어져야 한다. 문헌조사 자료를 기초로 자료를 조사하고, 이를 보강하기 위한 현장 조사를 통해 문헌에 나와 있지 않은 새로운 스토리를 모아 정리해야 한다. 수집 자료는 문헌 및 현장 조사에 대한 개요 · 조사자 · 성명 · 장르 · 자료형태 등의 메타데이터를 기입하고, 자원의 내용을 요약하여 '무등산 스토리자원 템플릿'을 작성한다. 이렇게 작성된 템플릿은 온라인상의 서버에 저장하고, 저작권 및 법적 문제를 검토한 후 공공 목적에 사용할 수 있도록 '스토리자원 아카이브 시스템'을 구축해야 할 것이다. 또한 문화산업 관계자들이 쉽게 열람할 수 있는 사용자 시스템을 마련하고, 정리된 템플릿에서 문화 콘텐츠로 전환이 용이한 자원을 선별하여 스토리텔링으로 개발

할 수 있는 방안을 제시하고, 좀 더 구체적인 내용을 첨가한 시놉시스에 대한 모형을 작성하고, 다양한 문화산업매체와 결합이 가능한 시나리오를 작성하여 문화현장에서 파일럿 작품을 제작하여 봄으로 문화산업 시장 환경과 상황들을 예측하여 볼 수 있다.

오늘날 문화산업은 융 · 복합을 통해 탈장르화 된 형태로 전환되어 있다. 음악 산업은 음반에서 음원으로, 만화산업은 단행본에서 웹툰으로 바뀌는 등 산업적 경계가 무너지고 있다. 이런 새로운 트랜드에 맞추어 제작한 콘텐츠들은 시장의 다양한 필요와 요구를 반영하고 시장 소비자들과 소통할 수 기회를 가져야 할 것이다.

스토리자원은 소프트웨어를 제공하는 것이므로 문화상품으로 가공할 수 있는 핵심매체 및 장르를 설정하고 다양한 소재의 플랫폼을 선정한 후 기술적 요소와의 결합을 통할 때 비로소 문화콘텐츠 상품으로 생산이 가능하다. 이런 문화기술들은 문화산업을 보다 체계적으로 만들어 세계화할 수 있는 밑바탕을 다져주는 역할을 한다.

이런 스토리자원들은 문화산업의 중요한 콘텐츠이며, 단계별 개반방안을 토대로 문화상품의 생산과 부가가치 창출 및 지역 브랜드화의 기반이 될 것으로 사료된다.

〈표 16〉 무등산 스토리자원의 문화산업 단계별 개발 방안

1단계		2단계		3단계
〈원형 스토리 아카이브〉 • 스토리자원의 문헌 조사 및 현장조사 • 자원조사 데이터의 템플릿 작성 • 온라인 아카이브 시스템 구축을 통한 정보 공개	⇒	〈문화상품 제작기획〉 • 제작기획(제작의도, 제작개요, 제작일정, 마케팅전략) • 시놉시스 제작 • 실험 작품 제작	⇒	〈문화상품 제작〉 • 문화상품으로 제작(영상, 공연, 출판, 축제, 전시, 출판물, 에듀테인먼트) • 파생 상품(One Source Multi Use)으로 확대

무등산 스토리자원은 비단 경제적인 부가가치 창출뿐만 아니라 지역 및 도시의 브랜드 가치 제고에도 기여할 수가 있다. 이러한 전통스토리 자원을 활용하여 성과를 거둔 사례는 한국 문화원형 디지털콘텐츠화 사업을 통해 확인할 수 있다. 이에 우리는 무등산의 스토리자원 속에 깃든 문화자원을 추출하고, 이를 바탕으로 다른 문화산업 분야로 확대하여 보다 유용한 가치재로 활용할 수 있는 스토리산업 활성화 방안을 마련할 필요가 있다.

나. 무등산 스토리자원의 문화산업 스토리텔링

본 장에서는 스토리자원을 통해 문화콘텐츠로 변환하여 문화산업으로 활용되는 일련의 과정을 제시하고자 한다. 먼저 무등산 스토리자원을 문화 산업의 소재로 활용하려면 쉽고 재미있게 수용할 수 있도록 콘텐츠 개발자가 문화원형의 서사적 요소를 추출하여야 한다. 서사적 요소의 추출을 위해서는 무엇보다도 원형 스토리자원을 세

부적으로 파악할 필요가 있다. 스토리자원의 문헌조사 및 현장조사를 통해 대상을 선정하고, 템플릿을 작성하여 문화콘텐츠로 전환이 가능한지에 대해 전략적으로 고민하여야 한다. 아래 〈표 17〉은 사전조사 자료를 면밀히 분석하여 콘텐츠로 활용이 가능하다고 판단된 '무등산의 태무덤'을 소재로 한 템플릿을 작성해 보았다.

무등산 '태무덤' 설화는 역사적 배경과 지금은 사라진 태봉[216]에 대한 공간적 배경이 잘 어우러져 있으며, 여러 사건을 대비시켜 다양한 스토리 전개가 가능하다. 역사적인 창작물로서 문화산업의 다양한 분야로 개발이 가능하다는 판단으로 문화콘텐츠 소재로 선택하였다.

〈표 17〉 무등산 스토리자원 템플릿

무등산 스토리자원	
출처(제보자)	내 고장 전통 가꾸기 光州의 얼
수록면	147~150
유형	설화
시간적 배경	1624~1625
공간적 배경	태봉
제목	무등산 태무덤의 내력

216) 태봉은 광주에 두 곳이 있었다(박선홍, 『광주1백년 3』, 광주문화재단, 2015, 30쪽). 하나는 동구 소태동, 다른 하나는 북구 신안동에 있었는데, 신안동 태봉은 경양방죽을 메울 때 사라졌으며, 동구 태봉은 순환도로 건설로 없어지게 되었다.

자 원 요 약

1624년 이괄의 난이 일어나자 인조는 공주로 피난하였고, 인열왕후는 이곳에서 왕자를 낳아 그 태를 계룡산에 묻었다. 그러나 왕자가 자꾸 앓기만 하자 왕후는 불공을 드렸는데, 사흘째 되는 날 계룡산의 백발노승이 찾아와 왕자의 태를 묻은 곳이 사악하여 왕자가 돌을 넘기기 어렵다고 하였다. 그러면서 그는 무등산 아래 도선국사가 붉은 은행이 열리는 은행나무 한 그루를 심어놓았는데, 이 나무를 베고 왕자의 태를 묻으면 왕자가 백세를 누리고 영특해질 것이라 말하고 사라졌다. 인조는 왕후의 말을 듣고 사람을 보내 그곳에 흙을 모아 작은 산을 만들게 했다. 계룡산의 태를 캐내는 날 노승이 다시 나타나 땅속의 잡귀를 물리치도록 손바닥 크기의 금을 함께 묻으라고 하였는데, 그렇게 하자 왕자가 잘 자랐다고 한다.

이 자원 템플릿을 기본으로 하여 다음단계로 '무등산 태무덤(胎峯)의 내력'이라는 시놉시스를 작성해 보았다. 태무덤이라는 설화의 배경에는 우리 민족의 풍수지리 사상이 자리하여 있고, 인조반정의 역사적 배경을 연결시켜 인간의 욕망을 매개로 하여 작성된 시놉시스이다. 이 시놉시스에는 인조 · 인열왕후 · 신하 · 이괄 등 역사적인 인물들을 설정하였고, 이외에 사랑하는 연인을 등장시켰다. 궁궐과 무등산 은행나무 등의 공간적 요소와 이괄의 난을 결합하고, 당시 백성들의 삶을 투영하였다. 가진 자 중심의 세상에서 어떻게 살아야 하는가에 대한 고민을 주제로 작성한 시놉시스는 다음과 같다.

〈표 18〉 무등산 스토리자원을 소재로 한 시놉시스[217)]

태무덤의 전설

○ 원천 자원 : 무등산 태무덤(胎峯)의 내력(설화)
○ 활용 가능 장르 : 희곡

■ 무대

무대 중앙은 궁궐이다. 사각의 틀 안에 미로 같은 길들이 이어져 있고, 인열왕후와 대신들, 그리고 궁녀들이 그 미로를 통해 왕에게 가 닿는다. 무대 왼쪽에는 은행나무가 한 그루 세워져 있고, 무대 오른쪽은 상황에 따라 민가, 절로 활용된다. 무대 뒤쪽에는 무대 보다 높은 단이 세워져 있는데 이곳은 역모자를 고문하는 추국장이다. 무대 뒷면에는 스크린이 펼쳐져 있다. 스크린 영상을 통해 피로 물든 반정과 반란의 상황이나 궁, 절, 무등산 등의 공간을 표현한다.

■ 배경

- 시간 : 1623년 인조반정 직후
- 장소 : 궁궐, 산자락, 민가, 절

■ 줄거리

궁궐 안에서 조선의 새 임금, 인조의 즉위식이 거행된다. 그러나 조선의 열여섯 번째 임금을 바라보는 백성들의 시선은 곱지 못하다. 궁궐 안의 백성과 궁궐 밖의 백성들이 각자 다른 마음을 품으며 극은 시작 된다.

217) 광주문화재단이 2012년 실시한 성산계류탁열도 행사의 대본을 참조하였음.

• 1부 혼돈과 피로 물든 조선

인조반정의 공신들은 과거 권력자에 대해 피를 부른다. 이윽고 인조는 추국을 시작하고 역모자들에 대한 고문과 문초를 통해 난맥상을 표현한다

• 2부 은행나무 아래서

무대 뒤편 영상, 은행나무의 4계절을 표현하는 미디어아트와 함께 연인이 등장하여 나무 아래서 사랑을 나눈다. 한양의 거사에 참여할 것임을 연인에게 밝히고, 연인은 불안 해 한다. 이때 반정공신들 몇몇은 이괄의 집에 모여 공에 비해 왕이 내린 공직이 마땅치 않아 불만을 품고 역심을 키운다. 조정에 모인 대신들은 이괄의 반란 모의에 대해 인조에 계속 고변한다.

인조는 이괄의 아들을 한양으로 압송을 명하고 이에 이괄은 금부도사의 목을 베고 군사를 모야 한양으로 향한다. 역모에 참여하는 남자1은 연인에게 금방 돌아오겠다는 인사를 전한 뒤 주인을 따라 한양으로 떠난다.

• 3부 이괄의 난

인조와 인열왕후는 피난길에 오르고 이괄군은 백성의 환영 속에 도성에 도착하고 궁궐을 접수한다. 이에 남자1을 기다리는 연인은 먼 길을 떠난 아비가 죽고 아비가 자신에게 남긴 꽃신을 보며 오열한다. 연인은 남자1도 역시 돌아 올수 없는 길로 떠났다는 것을 직감한다.

• 4부 태무덤

피난을 떠난 인조는 심약해져가는 자신을 보며 통곡하고 이를 안타깝게 보는 인열왕후는 갑자기 진통을 느끼고 대군을 낳는다. 이에 힘을 얻은 인조는 강력한 왕권을 다짐한다. 정충신에게 이괄의 반란

군은 점차 기세가 점차 꺾이고 있다. 허나 왕손탄생에 대한 기쁨도 잠시, 보모상군은 대군의 상태가 심상치 않음을 왕후에 아뢴다. 불공을 드리는 왕후 앞에 노승이 나타나고 노승은 왕후에게 대군의 태를 무등산 사자락에 자리한 은행나무 아래로 옮겨야 한다고 말한다. 바로 연인의 아버지가 묻힌 곳이다.

노승은 은행나무를 베고 그곳에 태함과 금을 묻어야 왕손이 무병장수할 수 있음을 알려준다. 그러나 노승은 왕후에게 은행나무를 베어낸 것에 대해서는 분명 그 대가를 치르게 될 것임을 알린다.

• 5부 은행나무 아래에서 재회

정충신에 의해 이괄의 반란군이 진압된다. 이괄을 포함한 반란의 주모자들을 참수형에 처하도록 한다. 연인은 힘없이 은행나무로 향한 그곳에서 은행나무를 베기 위해 찾아온 이들에게서 은행나무를 벨 것이라는 왕의 명을 듣는다. 은행나무는 자신의 어미와 같다며 울며 간절히 청해 보아도 소용이 없자, 빌어서 하루 동안의 시간을 얻는다.

내일이면 베어질 은행나무 아래서 천천히 몸을 일으켜 세워 은행나무 앞에 꽃신을 놓아두고 목을 매려는 순간 남자1이 살아 돌아온다. 서로를 부둥켜안은 채 어두운 세상을 향해 목 놓아 운다.

• 6부 붉은 은행나무의 눈물

다음 날, 은행나무를 베기 위해 찾아온 사람들은 뜻밖의 광경에 놀란다. 연인들이 은행나무를 벨 수 없도록 나무를 막고 서 있기 때문이다. 이들은 은행나무를 베어내는 것은 자신의 부모를 죽이는 것이나 다름없다고 부르짖는다.

사람들이 난감해 하는 동안, 궁에서는 대군이 자지러지게 우는 소리가 들린다. 인조와 인열왕후는 어찌할 바를 몰라 하며, 은행나무를 빨리 베어낼 것을 분부한다. 잠시 후 어의가 다급히 인조를 찾고

대군의 생명이 풍전등화의 상황에 놓였음을 알린다. 인조는 연인들을 속히 제거하라는 명을 내린다. 무사들은 검을 빼어들고 천천히 연인에게 다가간다. 자신들에게 다가온 운명의 그림자를 받아들이는 듯 연인은 은행나무를 단단히 감싸 안는다.

그들이 이 나라 조선은 임금의 것도 훈신들의 것도 아니요, 오직 백성들의 것이니 곧 백성이 조선이라는 것을 부르짖을 때 무사들의 칼끝이 그들의 몸을 스쳐지나간다. 연인들의 붉은 피가 은행나무를 물들이고, 쓰러진 그들의 몸 위로 은행나무의 붉은 열매들이 눈물처럼 툭툭, 떨어진다.

• 7부 오랜 후

오랜 세월이 흐른 후, 여전히 왕의 자리를 지키고 있는 인조. 늦은 밤, 병자호란 이후 청나라에 인질로 잡혀갔다가 돌아온 아들, 소현세자를 불러들인다. 인조는 인질로 있는 동안, 청나라의 환심을 사고, '소군(小君)'으로 까지 불린 소현세자를 경계한다.

인조는 청에서 무엇을 배웠냐고 묻고, 소현세자는 청나라의 정세와 새로운 문물을 파악했으며 조선이 신봉하는 성리학이 이미 낡은 사상이었음을 아뢴다. 마지막으로 인조는 소현세자에게 이름이 무엇인지를 물으며 아들의 술잔에 술을 따른다. 인조가 따른 술잔을 받아 마신 소현세자는 자신의 이름 '이왕'을 답하고, 갑자기 피를 토하며 쓰러진다.

인조는 "이왕, 너는 청나라의 아들이 아니라 내 아들, 조선의 아들이니라."라고 씁쓸히 말하며 술잔을 기울인다. 이때 스크린화면 속, 은행나무 한 그루가 붉은 빛을 발한다.

다음은 〈표 18〉의 시놉시스를 바탕으로 시나리오를 작성한 후 실제로 적용 가능한 실험 작품들을 제작하여 보완절차를 거쳐야 한다. 또한 소비자의 이해와 요구에 맞춰 사업화 전략을 수립하고 다양한 문화콘텐츠 매체와 문화기술을 융합하여 시장에 출시할 수 있는 산업재로 가공해야 한다. 또한 소비자가 수용할 수 있도록 다양한 매혹 요인을 더하여 시장에서 판매되어 수익이 발생할 수 있는 마케팅 전략을 통해 문화시장에 출시하게 된다.

〈그림 19〉 무등산 스토리 자원을 활용한 애니메이션

4. 스토리자원과 관광

관광과 여행의 차이는 무엇일까? 물음에 대한 적정한 답으로 시스템이 있고 없음의 차이일 것이다. 여행은 여행의 시작 전, 시작, 여행 후를 포함한 총체적인 경험을 동반하기 위한 활동이라 할 수 있으며, 관광은 여행을 가능하게 하는 체계라 할 수 있다. 이런 관광체계는 일정한 전략적 시스템을 가지고 유기적 결합을 통해서 움직인다고 할 수 있다. 먼저 정치적 환경, 경제적 환경, 사회적 환경과 문화적 환경, 기술적 환경에 대한 관광을 지원할 수 있는 시스템을 조성하여야 할 것이며, 이런 지원시스템을 바탕으로 거리 저항을 극복할 수 있는 다양한 교통시스템을 구축하고, 상품의 매력요인을 통해 여행객들의 소비욕구를 자극할 수 있는 관광상품을 개발하며, 현재의 관광트랜드 변화를 반영한 상품을 여행자에게 효율적으로 홍보하고 방문 동기를 유발하게 할 수 있는 관광마케팅 전략이 필요하다. 또한 상품에 대한 만족도와 다시 재방문 욕구를 높일 수 있는 관광 스토리텔링 전략을 갖춘 관광시스템이 서로 유기적인 시스템 결합을 통해 시장에서 여행자의 선택을 받는 일련의 전략적인 과정을 '관광'이라 할 수 있다.

〈표 19〉 여행객 방문을 위한 관광 시스템

지원시스템 구축		관광상품 개발		관광마케팅 전략		스토리텔링 개발
〈여행객 수용 환경조성〉 • 행정 및 정책적 시스템 구축 • 정치 · 경제 · 문화 · 기술적 환경 구축 〈교통시스템〉 • 관광교통체계 (플랫폼, 관문, 핵심여행지, 연계 여행지)	⇔	〈심미적 욕구 충족〉 • 예술과 결합 〈생태적 환경 동경〉 • 그린 투어리즘 〈역사적 지식 습득〉 • 역사적 명소 및 다크 투어리즘 〈건강에 대한 염원〉 • 의료·웰니스 관광 • 음식 투어	⇔	〈상품 설명회 및 팸투어〉 • 국내 · 외 여행 설명회 실시 • 여행사, 인플루언서팸투어 〈온라인 마케팅 플랫폼 〉 • 온라인 상품 설명 및 예약 및 결재 시스템	⇔	〈지역성 및 장소성 분석 〉 • 지역의 독특한 역사적 시간과 지리적 공간 분석 〈매력적 스토리 발굴〉 • 지역만의 신비하고 독특한 스토리 발굴

특히 스토리텔링은 관광지의 매력을 표현한 스토리를 통하여 관광객의 유입에 큰 도움이 될 수 있다. 관광지에 대한 막연한 기대와 설렘이 현지에서 매력적인 스토리텔링으로 이어진다면 여행객들은 가치와 의미를 발견하는 특별한 기억으로 만족할 수 있을 것이다.

무등산을 지역 대표 관광상품으로 자리매김하려면 지역민과 관광객이 공동으로 만드는 가치체험 전략인 스토리텔링을 통해서 가능하다고 생각된다. 스토리텔링은 관광객에게 무등산을 매력적으로 연결할 수 있는 유용한 도구가 되며, 관광객과 지역민이 무등산을 매력있는 관광 가치의 감성공간으로 변모시키는 데 기여할 것이다.[218)]

무등산은 문화관광 유산으로 지역의 문화정체성을 대변하기에 충분하다. 이렇듯 관광 성공전략에 있어 문화역사적 자원의 중요성은 필수요소라 할 수 있다. 지역의 관광산업을 활성화시키려면 관광 매력물인 스토리자원을 활용하여 무등산 전통문화의 정수를 쉽게 이해시키고, 체험할 수 있도록 해야 하며, 스토리의 내용을 효율적으로 전달하고 소통하게 할 수 있는 다양한 방안들을 구상할 필요가 있다.

가. 관광과 무등산 스토리텔링 개발 방안

무등산 스토리자원을 활용한 관광콘텐츠 개발의 궁극적인 목표는 문화유산 및 관광 상품의 가치를 제고하는 데 있다. 이는 관광콘텐츠를 확보하고 재생산함으로써 가능하다. 관광 스토리텔링은 방문자들의 관심을 자극하여 관광욕구로 활성화 될 수 있으며 현지 관광상품으로 감성을 자극하여 만족도를 높일 수 있으며, 직접적 체험을 통해

218) 한강희, 『스토리 스토리텔링 스토리디자인』, 푸른세상, 2010, 55쪽.

다시금 재방문을 유도할 수 있다. 이것은 무등산의 보존 및 활용은 물론 지역 브랜드를 창출하여 경쟁력을 갖춘 고부가 가치재로 관광 산업에 기여하리라는 믿음이 전제되어야 한다.

무등산 스토리자원을 관광 스토리텔링하기 위해서는 전문적이고 세부적인 개발과정이 요구되며, 치밀한 기획과 전략적 접근이 필요하다.[219] 관광 스토리텔링의 개발단계는 대상 목표의 설정, 스토리의 발굴, 관광 스토리의 구성, 스토리텔링 실행의 과정으로 나눌 수 있다.

첫 번째는 무등산을 찾는 관광객이 무엇에 관심이 두고, 어떤 것을 요구하는가에 대해 우선순위를 두는 단계이다. 방문 관광객의 지역분포 및 연령대, 관심과 성향 분석, 관광객의 기본 정보 및 인지능력 등을 분석해야 한다. 이는 관광객에 대한 면밀한 자료조사를 통해 이뤄져야 한다.

두 번째는 무등산의 관광스토리를 발굴하는 단계이다. 자료조사가 끝나면, 무등산 스토리자원 목록을 작성해야 한다. 무등산 스토리자원의 기초 목록을 작성한 후 대표자원을 선택하여 창의성과 상상력을 첨가하는 과정을 거쳐 테마 스토리를 발굴한다. 발굴된 스토리자원 중 관광자원으로 가치를 지닌 테마 스토리에 여러 가지 매력요인을 가미하여 표현하고 이를 전달할 수 있는 플랫폼을 선정하여 관광스토리를 제작한다. 이와같이 발굴된 관광스토리는 구체적으로 확실한 맥락화 단계를 필요로 한다.

세 번째는 무등산 관광스토리를 구체적으로 구성하는 단계이다.

219) 한국관광공사 한류연구팀, 『왜, 관광스토리텔링인가』, 한국관광공사, 2005.

관광객이 스토리텔링의 핵심을 충분히 이해할 수 있어야 하며, 주어진 시간 내에 충분히 설명이 가능한 스토리텔링으로 디자인 하는 과정이다. 기본적인 스토리자원을 놓쳐서도 안 되지만, 한정된 시간 내에 관광객에게 지역의 전통적 가치를 전달하고 관광매력요인을 간직한 스토리자원을 선택하는 것이 무엇보다 중요하다.

네 번째 단계는 스토리텔링의 전략을 구상하고 다양한 실행 프로그램을 구성하는 단계이다. 관광객의 엔터테인먼트나 에듀테인먼트 성향에 따라 각 코스별로 프로그램을 구성하고, 매력적인 스토리텔링 전략을 통해 활용이 가능한 독창적인 관광프로그램을 구성하는 실행 단계라 할 수 있다. 이 단계의 핵심은 관광객의 이해와 요구를 대변할 수 있는 관광상품을 구성하는 데 있다.

문화관광을 선호하는 관광객은 문화에 대한 인식과 이해 능력이 높을 뿐 아니라 전반적으로 학력이 높고 소득이 많으며 전문 직종에 종사하는 비율이 높다.[220] 이러한 관광객의 요구에 맞춰 다양한 프로그램이 개발되어야 하며, 스토리 내용을 효율적으로 콘텐츠로 전환할 수 있어야 하며, 주변 매력적인 관광상품과 연계하는 전략을 수립함으로 성공을 유도할 수 있는 관광스토리텔링 전략이 되어야 한다. 마지막으로 관광상품에 대한 평가로서, 방문객의 기대와 만족도에 의해서 결정된다. 관광상품의 경우 이미 정해진 규격에 의한 것이 아닌 관광객들의 생각에 따른 요구와 필요가 총체적으로 반영되어 직접 '방문행동'으로 연결되어진다. 관광객은 여행 이전에 다양하게 접

220) 안희자, 「문화관광 해설지 프로그램의 평가척도 개발」, 한양대 석사학위논문, 2004, 268쪽.

축하는 미디어나 구전을 통해 스토리를 미리 이해하고 관광지를 방문한 후에는 직접 스토리 체험 과정이 결합되어 가슴에 남은 일종의 우호적인 '관광 커뮤니티'를 구성하게 된다. 성공하는 관광 스토리전략은 관광객의 심층적 기저에 남을 수 있는 테마 스토리를 선정하고 문화적 정수를 직접 체험할 수 있는 프로그램을 관광객에게 전달할 때 비로소 소구력을 가질 수 있다.

〈표 20〉 여행객 방문을 위한 관광 시스템

1단계		2단계		3단계		4단계
〈관광대상 분석〉 • 관광객의 지역 분포 및 연령대 • 관광객의 관심과 성향분석 • 관광객에 구매행동 및 선호 상품에 대한분석	⇔	〈스토리 발굴〉 • 스토리 자원의 기초 목록 작성 • 테마 스토리 발굴 • 관광콘텐츠로 활용할 수 있는 소재 발굴	⇔	〈관광 스토리 구성〉 • 테마 설정 및 방문 지에 따른 스토리 구성 • 고유한 정체성을 담은 스토리 선정과 디자인	⇔	〈프로그램 구성 및 상품 제작〉 • 에듀테인먼트적 스토리 프로그램 작성 • 주변 매력적인 관광지와의 결합을 통한 상품 개발

나. 무등산 스토리 자원의 관광 스토리텔링

무등산이 관광자원으로서 가치를 더욱 발현하고 관광 매력물로 자리매김하기 위해서는 단순히 등산을 위해 오르는 산에서 벗어나 다양한 스토리를 직접 체험하면서 즐거움을 느낄 수 있도록 다음과 같은 '관광 스토리텔링 시스템'에 대해 고민하여야 한다.

첫째, 스토리텔러(해설사)가 담당하는 역할에 중요성을 간과해서는 안 된다. 스토리텔러(해설사)는 무등산을 관광 상품으로 인식시키는 1차 전달자이다. 무등산을 매개로 감성과 지식을 발현시키며, 지역주민과 감성적 가치체계를 공동으로 구축하고, 문화자원을 스토리텔링 하는 실현자라 할 수 있다. 이들은 관광객의 감싱을 자극히어 체험을 확대하고 재방문을 유도한다. 또한 이미지 제고를 통해 경쟁력을 갖춘 고부가 가치 관광산업을 육성하는데 기여할 수 있다. 특히 무등산 스토리텔러가 양성되기 위해서는 다양한 방법의 스토리텔링 해설 기법과 함께 스토리텔링 운용도구가 필요하다. 이 운용도구로 '관광스토리보드'를 개발하여 관광객의 체험과 추억을 오랜 동안 간직할 수 있는 관광패턴을 창출하는 것이 필요하다. '스토리 QR코드 맵'과 더불어 '무등산 관광 스토리보드'가 서로 연동하면 훌륭한 관광 스토리텔링 도구가 될 것이다. '무등산 스토리보드'는 스토리텔러(해설사)가 탐방객과 소통하고 재미와 흥미로운 정보를 전달하는 수단으로 활용될 수 있으며, 관광객을 만족시킬 수 있는 효과적인 도구가 될 것이다.

관광 스토리텔러(해설사)와 스토리보드의 활동에서 고려해야 될 점으로 스토리텔러(해설사)는 스토리자원 활용에서 치밀한 기획과 전략적인 접근을 해야 한다. 스토리보드로 표현해야 될 내용을 명확히 하고 관광객에게 흥미를 줄 수 있는 스토리 해설 체계를 세워야 한다. 또한 무등산의 역사 · 지리적인 배경을 구체적으로 설명하여, 스토리자원을 관광객이 공유하고 소통할 수 있게 해야 한다. 이를 위해 스토리텔러(해설사)는 스토리보드의 내용을 효율적으로 작성해야 하며, 방문 관광객에 대한 정보를 알고, 방문객에게 맞는 흥미로운 주제의 스토리의 설정, 수준에 맞는 문장과 어법의 구사와 전달력을 높여야 한다. 전반적으로 투어 코스, 연령과 성향 등을 고려한 스토리를 통해 그동안 알고 있던 무등산에 대한 생각에서 벗어나 새로운 정보를 전달함으로 만족도를 높여야 한다.

다음으로 스토리텔러(해설사)는 '무엇을 말할 것인가'의 내용을 먼저 선택하고, 프로그램을 구성하여야 한다. 스토리자원 활용을 극대화하기 위해서는 에피소드나 유명인, 전문인의 증언을 효과적으로 이용할 필요가 있다. 또한 대규모 관광객을 위한 특색 있는 스토리 상황극 코스와 프로그램 등이 준비되어야 한다. 매력 있는 스토리텔링은 인터넷 검색창에서 얻는 단순 정보가 아니라 스토리텔러(해설사)가 현지의 역사 · 문화자원을 활용하여 만들어낸 사실과 허구적인 내용이 적절히 섞인 스토리보드에서 나온다.

스토리보드를 제작할 때는 아래와 같이 고려해야 할 사항이 있다. 스토리별로 메인 테마를 설정하고, 스토리보드에 일련번호 · 관광대상지 · 관광목표 · 스토리테마 · 주변과 연계 관광지 · 관련 사진과 데이터 도표 등을 자세히 기록된 보드를 제작해야 한다. 스토리보드를 활용할 때에는 관광객이 관심을 갖고 소통을 강화할 수 있는 다양한 방법을 모색하고, 개념과 예시 · 비교 · 유추 등의 기법으로 무등산 스토리자원의 의미나 가치 등을 설명하는 것이 효율적이다. 마무리 단계에서 경험담과 일화, 다른 사례와 비교 등 여러 방식을 이용할 수 있어야 한다. 또한 무등산 관광의 만족도를 평가하여 이후 개선 자료로 활용할 수 도 있다.

여기에 사용된 '관광 스토리보드'는 단순한 사실적 정보를 주고자 하는 것에 벗어나 직접 현장을 경험하기 위한 방안으로 사용된 매체도구라 할 수 있다. 따라서 스토리보드를 활용한 스토리텔러(해설사)는 기존의 관광안내 방식과는 일정한 차이가 있다. 스토리보드 활용은 스토리텔러(해설사)가 스토리의 생산자가 되어서 관광객을 유도하고, 무등산의 스토리자원이 지닌 가치와 지역의 정체성을 관광객에게 자연스럽게 전달하여 차별화를 도모하는 방식에 해당된다. 직접 이해하고 설득되는 과정 속에서 무등산 스토리자원이 가지고 있는 독특한 문화를 체험하는 과정이라고 할 수 있다.

관광객들은 '무등산 스토리보드'와 '스토리 QR코드 맵'의 효과적인 사용을 통해 큰 시너지 효과를 얻을 수 있다. 이로써 무등산을 건강 · 레저로만 방문하던 차원에서 벗어나 재미있는 스토리를 체험할 수 있는 관광 테마공원으로 활용을 가능하게 한다.

둘째, 무등산이 스토리 테마공원으로 활성화되려면 스토리 자원, 스토리텔러(해설사)가 상호 소통할 수 있는 관광상설 프로그램을 통해 관광 이슈를 만들어 내는 운용시스템이 필요하다.

세계의 유명관광지는 '축제', '체험프로그램', '경연대회' 등의 지역의 문화를 대표할 수 있는 '관광 상설프로그램'을 개최하고 있다. 지역의 관광지(觀光地)도 이런 프로그램을 도입함으로 구경하는 차원에서 벗어나 깊은 문화적 정수를 체험할 수 있어 '구전', '재방문' 등의 파급효과를 가져올 수 있다. 경유형 관광지에서 벗어나 직접 체류, 체험할 수 있는 관광 전략의 일환으로 관광상설 프로그램을 운영할 필요가 있다. 현재 전통문화관에서 실시하고 있는 토요상설공연과 더불어 각 계절별로 특화 프로그램을 구성하여 진행 할 필요가 있다. 이에 무등산 생태 경관의 계절적 변화에 따른 다양한 스토리를 소재로 한 , '무등산의 사계(四季)'를 테마로 하는 관광 상설 프로그램을 아래와 같이 구성할 수 있다.

먼저 무등산 사계 중 '봄'을 테마로 최홍종과 허백련, 오방정에서 춘설헌에 이르는 길, 삼애학원과 의재 미술관 등, 예술적 이미지를 소재로 하는 무등산 봄 탐방로를 운영할 수 있으며, 무등산을 배경으로 활동한 예술가의 삶과 미적 세계를 주제로 하는 프로그램을 구성할 수 있다. 체험프로그램으로 무등산 차밭에서 직접 차를 따서 관풍대, 문향정을 중심으로 차 만들기와 더불어 허백련 화백의 스토리를 따라 남종화 체험 프로그램을 운영할 수 있다. 다음으로 무등산 사계 중 '여름'은 '성산계류탁열도'와 계곡에서 '물맞이' 등의 유람 이미지 중심의 스토리를 중심으로 당시 우리 조상의 여름나기 지혜를 배워보고 직접 '탁열 및 탁족의 풍습'을 재현하는 프로그램을 체험해 볼 수도 있다. 또한 무등산 사계 중 '가을'을 테마로 무등산에서 살았던 '선비'의 은일적 이미지 스토리를 중심으로 시조를 정가(正歌)로 바꾸어 '시조창'을 배우며 긴 호흡으로 건강을 도모할 수 있는 웰니스 프로그램과 가을의 정서에 맞는 '숲속 음악회'를 운영할 수도 있다. 한편으로는 산사에서 가을정취를 느끼며 자신의 삶을 돌아보며 마음치유 프로그램도 함께 구성할 수 있다. 무등산 사계 중 '겨울'을 테마로 하여 무등산의 영웅설화인 '김덕령'의 의기 이미지를 중심으로 흥미로운 '극'을 제작 · 공연하기도 하고, 옛 이야기를 구수하게 전해줄 조선시대 직업 이야기꾼인 전기수(傳奇叟)를 양성하여 이야기 공연과 옛 우리 할머니를 통해 듣는 이야기방, 무등산의 여러 인문학적 내용을 통해 지혜를 얻는 무등학당 등의 프로그램을 운영할 수도 있다.

〈표 21〉 무등산 스토리자원을 활용한 관광시스템

<table>
<tr><td rowspan="2">Ⅰ.
관광객 운용인력 양성</td><td colspan="4">무등산 스토리 해설사 양성</td></tr>
<tr><td colspan="4">무등산 스토리보드 개발</td></tr>
<tr><td rowspan="5">Ⅱ.
관광
상설프로그램
'무등산의
사계(四季)'
마련</td><td>테마</td><td>원형 이미지</td><td>스토리자원</td><td>프로그램</td></tr>
<tr><td>봄</td><td>예술</td><td>무등산과 생활했던 예술가 스토리</td><td>차 만들기, 화전 만들기, 남종화 체험</td></tr>
<tr><td>여름</td><td>유람</td><td>무등산에서 조상의 여름나기 스토리</td><td>조상의 여름나기 탁열과 탁족 재현 체험, 물맞이 체험</td></tr>
<tr><td>가을</td><td>은일</td><td>무등산에서 살았던 은둔거사와 스토리</td><td>무등산 숲속 음악회 'Autumn Leaves'</td></tr>
<tr><td>겨울</td><td>안민, 의기</td><td>무등산과 김덕령 스토리</td><td>김덕령 대사극 공연, 전기수 체험, 할머니 이야기방, 무등산 인문학당</td></tr>
</table>

요즘 가장 부가가치 있는 관광상품은 몸과 마음의 건강을 치해 주는 웰빙과 휘트니스의 합성상품인 웰니스 관광자원을 주목해 볼 필요가 있다. 특히 뉴노멀시대에 맞은 관광 트랜드 변화들 중 가장 많

은 관심을 모으는 관광자원이다. 몸과 마음에 대한 치유를 관광상품으로 개발하고자 하는 지자체나 기업들이 생기고 관광객들이 상품을 소비하면서 새로운 뉴노멀 트렌드로 자리 잡아 가고 있다. 스토리자원도 주변 숲치유 상품과의 연계를 통해 스토리자원의 문화적 향유와 함께 자연속의 숲이 지닌 치유 프로그램과 결합된 상품을 구성한다면 새롭게 변화하는 시기에 맞춰 합리적 상품을 구성할 수 있으리라 생각된다.

앞에서 살펴 본 스토리테마파크 개발 방안에서 제시하였듯이 무등산을 단지 등산하는 산에서 벗어나 문화를 향유하고 심신을 치유할 수 있는 다양한 방안들을 실현하면서 새로운 기능들을 부여한다면 좀 더 발전된 지속가능한 미래를 실현해 나갈 수 있으리라 생각된다.

V

무등산 스토리자원에 대한 전략적 제언

V. 무등산 스토리자원에 대한 전략적 제언

1. 무등산 스토리자원의 지속가능성을 위한 조건

무등산 스토리자원의 개발에 있어 가장 먼저 고려해야 될 사항은 무등산 보존에 대한 담론을 형성하고 이 담론을 바탕으로 행정적인 실천과 더불어 시민사회의 적극적인 협조를 이끌어내야 한다. 이것은 스토리자원의 대상인 무등산이 보다 건강하게 자리매김함으로써 스토리자원의 생명력이 담보될 수 있으며, 미래의 전략적 자원으로써 '지속가능성'을 확보할 수 있기 때문이다. 이와 관련하여 여기에서는 참고할 만한 해외 사례 몇 가지를 살펴보려 한다.

먼저 브라질 꾸리찌바(Curitiba)의 사례를 들 수 있다. 꾸리찌바는 '꿈의 생태도시'로 불린다.[221] 꾸리찌바는 과거 1950년대부터 시작된

221) 아열대성 기후로, 평균 기온이 여름 20.4℃, 겨울 12.7℃ 정도이다. 교통 정책

급속한 인구증가, 환경오염, 교통체증, 문화유적 훼손 등으로 심각한 위기에 빠져있었다. 그러나 1971년 자이메 레르네르 시장의 취임으로 도시는 변화하기 시작한다. 자이메 레르네르 시장은 도시 내 문제를 공무원과 시민사회 중심의 거버넌스(governance)를 구성하여 다양하고 창조적인 아이디어로 극복하였다.[222] 도심 내에 인간 중심의 대중 교통체계를 만들고[223], 시민과 협의를 통해 녹색 도시를 만들었다. 차량의 유입을 막으면서 보행자 전용도로를 만들고, 도시의 경관을 가꾸는 꽃밭을 조성했다. 또한 시에서 슬럼 예정지를 사들여 공원으로 조성하여 경관을 아름답게 만들었고 고급 주택이 들어서도록 했다. 폐기된 탄광을 공원으로 되살려 백조를 볼 수 있는 수상카페와 대형 인공폭포, 일출과 일몰을 즐길 수 있는 관광지로 바꾸었다. 바리귀, 이과수공원 등 브라질에서 손꼽히는 대형 공원과 20여 개의 크고 작은 공원들은 이렇게 탄생했다. 그 결과 꾸리찌바의 녹지 비율은 전체 도시 면적의 70%이며, 1인당 공원 면적은 노르웨이의 오슬로에 이어 세계 두 번째가 되었다. 여기에 재활용과 관련된 녹색 교

만족도 세계 1위, 도시 내 공원 녹지 비율 세계 2위, 아름답고 쾌적하며 환경보전이 잘된 도시다.

222) '인간 중심'의, '살기 편한 도시'를, '많은 비용을 들이지 않고' 만들겠다는 의지가 '지구에서 환경적으로 가장 올바르게 사는 도시'라는 찬사를 받는 도시를 탄생시켰다.

223) 중심부에서 외곽으로 뻗은 다섯 개의 간선도로망이 신호의 영향을 받지 않고 달려 '지상 위의 지하철' 역할을 할 수 있도록 하였다. 또한 급행 버스, 지역 버스, 직통 버스 등을 색깔별로 구분하고 다수의 환승터미널을 만들어 버스 간 완벽한 환승 시스템을 마련하였다. 현재 우리의 도시에서 시행하고 있는 시내버스 체계는 꾸리찌바의 교통 체계를 모델로 한 것이다.

환 프로그램[224]과 시민 '리어카 사업'[225]을 시행하였다. 이러한 꾸리찌바의 사례는 생태적인 도시를 지향하는 '시민'과 지도자의 '철학', '의지'가 만나 성공을 이루었다는데서 시사점을 찾을 수 있다. 무등산 또한 지도자 · 행정 · 시민이 함께 실천하며 산에 대한 보호 의지를 갖고 생태적인 담론을 통해 지속가능성을 찾아 나가야 할 것이다.

무등산은 원래 1940년대 초까지 천연 원시림의 모습을 간직하였으나 일제의 제2차 세계대전 도발과 전쟁 물자의 징발에 따른 연료난으로 산림 남벌이 시작되었다. 광복 후, 건축 붐이 일었고, 큰 나무는 가정 연료로 사용하기 위해 베어졌다. 남벌은 광복 이후부터 1960년대 초까지 이어졌으며 무등산은 점점 민둥산이 되어갔다.

무등산은 1957년 '무등산개발추진위원회'가 발족된 이후, 개발이 계속되고 있다. 산수동과 원효사 계곡간의 관광 도로화(1958년),

224) 시민이 손수레나 카트에 철물 조각, 페트병, 폐지 등의 재활용 자원을 모아오면 이를 채소, 과일, 문구 등 생활용품으로 교환해주는 것이다. 보름에 한 번씩 저소득층이 살고 있는 교외지역 55곳을 방문해 이 프로그램을 진행하였다. 이를 통해 재활용 가능자원을 수거하고 저소득층의 소득을 보조하며 재활용의 소중함도 일깨우는 일석삼조의 효과를 거두게 되었다. 또한 녹색 교환 프로그램이 진행된 슬럼가에서는 폐기물이 사라지면서 병에 걸리는 주민이 점점 줄어 청소비용이 감소되어 시 재정에 보탬이 되기도 하였다.

225) 과거 우리나라의 넝마주이와 비슷해 보이지만 그 개념은 조금 다르다. 꾸리찌바에서는 폐지를 고물상에게 헐값에 넘기는 시스템이 넝마주이의 생활고 개선에 도움이 되지 않는다고 판단해 1995년부터 넝마주이의 폐지를 시에서 직접 구매했다. 이처럼 넝마주이에게 정식 판매루트를 만들어주니 넝마주이들은 조합을 결성하여 신분을 양성화하기 시작했다. 시에서 조합원에게 오렌지색 조끼와 모자를 공급하고, 리어카에 등록번호도 달아주었다. 조합원은 이를 통해 안정적인 수입과 양성적인 직업을 동시에 갖게 되는 효과를 거두게 되었다.

원효계곡의 무등산장 건축(1959년), 원효사 지구에 대한 전남도의 국민관광지 지정(1969년), 국민관광지 조성계획(1971년), 무등산의 도립공원 지정(1972년), 학동 삼거리와 증심사 간의 도로 포장(1975년), 충장사와 광주호 간의 도로 확포장(1983년) 등의 도로 포장과 개발 계획으로 무등산 주변 특히 원효사와 증심사 계곡 주변에는 유원지 · 상가 · 숙박업이 확대 재생산되어 무등산의 관광지화가 가속되고 있다.[226] 무등산을 찾는 인파가 늘어나[227] 행락질서가 문란해지면서 시민들 사이에서 무등산을 보호하자는 자각이 일기 시작했으며, 1989년 5월 22일 광주 YMCA강당에서 '무등산보호단체협의회'가 창립되었다.[228] 무등산 보호단체협의회에서는 신문 · 방송과 함께 다양한 무등산 보호 캠페인을 실시하였으며, 신년 해맞이 악습 폐지와 탐방로 자연 휴식년제의 실시, 그리고 현재는 무등산 정상에 위치한 군사시설과 송 · 수신탑 이전을 위한 '정상복원 운동'을 실시하고 있다.

그러나 무등산 시민운동의 일련의 성과에도 불구하고 앞으로도 해결해야 될 과제가 많이 남아 있다. 일본인이 마음의 고향인 '후지산'의 유네스코 세계문화유산 등재를 위해 산악 소설의 소재로 자주 등장하는 '후지산 천문대'를 시내로 옮겼던 사례는 유네스코 세계지

226) 오재일, 「환경보호와 시민운동」, 『한국지방자치학회보』 제7집, 한국지방자치학회, 1995, 195쪽.

227) 1985년 무등산 관리사무소의 통계에 의하면 한 해 무등산을 찾는 인파가 연간 6백만 명에 달한 것으로 집계되었다.

228) 박선홍, 앞의 책, 2008, 455쪽.

질공원인 무등산의 경우 정상 군부대 이전 문제[229]를 해결하지 못하고 있는 우리에게 많은 시사점을 제공하고 있다.

무등산은 사유지가 전체의 68%이며, 보존할 자연녹지나 개발제한구역으로 지정되어 있는 사유지를 포함하면 비율은 80%이상으로 추정되고 있다. 사유지의 재산권 행사나 개발 욕구가 증대됨으로 무등산 권역은 자연훼손 가능성이 상존하고 있다.

이러한 생태 환경적 변화에도 무등산을 지키려는 노력 방안을 '내셔널트러스트'운동[230]에 찾아보고자 한다. 무등산은 국립공원으로 지정되면서 많은 예산을 들여 사유지를 매입하여 공유지로 전환하고 있다. 이런 공공 목적사업과는 별개로 2000년부터 무등산은 '공유화운동'을 실시하고 있다. 이 운동은 시민의 기금 모으기를 통해 사유지들인 토지를 기부 받거나 구입하는 일련의 성과[231]를 거두었다. 시민들이 자발적으로 참여하여 무등산을 공공물로 전환하는 공

229) 2015년 12월 3일 국방부, 광주광역시, 국립공원관리공단이 '무등산 정상 군부대 이전 협약' 을 맺었다. 그러나 군부대가 이전하기까지는 '군부대 이전 타당성에 관한 및 '군부대 이전 대체 후보지 선정', '군부대 지역의 자연생태계 복원' 등의 문제들이 남아있어 무등산 정상이 원래의 모습으로 돌아오는 데 많은 기간이 소요될 예정이다. 이후 여러 정치인들이 군부대 이전을 검토하고 있다고 한다. 23년부터는 군부대 주둔 이후 45년 만에 정상부근인 인왕봉과 지왕봉이 개방되었다.

230) 영국의 옥타비아 힐(1838~1912)이 1895년 시민들과 함께 일으킨 운동으로 영국의 자연과 문화유산을 보전하는데 공헌하였으며 전 세계로 퍼져나가 지구와 인류의 황폐화를 막는 시민운동으로 자리매김하였다.

231) 새인봉 자락 땅, 문빈정사 북쪽 산자락, 운림동 산 151번지 일대 임야, 금곡동 35번지 원효계곡의 임야, 용연동 산 160번지 임야, 화암 계곡의 땅 등 공유화 재산을 확보하였다.

유화운동은 무등산 보호운동에 있어 새로운 전형을 마련할 수 있다.

무등산은 '보호운동'을 바탕으로 지속가능한 자산을 확보하여야 하며, 그 생명력을 원동으로 스토리자산을 전승할 수 있는 토대를 마련해야 됨을 간과해서는 안 된다. 또한 무등산의 건강성을 담보한 '생태환경'은 다양한 스토리자원이 생산될 수 있는 기반이 되며, 미래에도 계속적으로 스토리를 창조하고 재생산할 수 있는 자원창고가 될 것이다.

다음으로 스토리자원의 전략적 고려사항은 현재 무등산 주변지역에서 벌어지고 있는 도시개발 및 도시 경관계획에 대한 제고가 필요하다는 점이다. 무등산의 스토리자원이 세계적인 브랜드로 성공하기 위해서는 무등산과 관계를 맺고 있는 공간의 '장소성'이 보존되어 있어야 한다.

현재 무등산 인근 지역은 2000년 운림지구 12만평을 온천지구로 지정한 광주시에 대해 광주시민단체들이 무효 확인소송을 제기하여 온천 개발을 막았다. 그러나 무등산 자락에 제2순환도로 1구간 건설[232]로 인해 태봉산이 파괴되었으며, 무등산 인근에 우후죽순으로 아파트단지가 건설되면서 주변 경관이 파괴되었다.

무등산 인근 행정구역인 광주광역시 '동구'의 경우 전남 도청 이전, 도심 공동화 등의 여러 문제를 해결하고자 '그린벨트구역'을 해제하고 '주거환경개선 사업', '도시 재개발 사업'을 시행하고 있다.

232) 동광주 IC에서 소태동 IC까지 8.41km로 터널이 4개소, 교량이 9개소로 90km로 달릴 수 있는 왕복 6차선의 도시 고속화 도로가 만들어졌다. 무등산의 파괴와 주민의 조망권을 침해한다는 반대에도 불구하고 일방적으로 건설되었다.

이 여파로 역사 흔적이 파괴[233]되고, 무등산과 관련 공간이 점차 사라지고, 고층 아파트가 들어서면서 무등산 경관에 대한 조망권이 훼손되어지고 있다.[234] 다행히 무등산에 5층 이상의 건물을 지을 때는 경관 심의를 받게 한다는 경관계획이 발표되었지만, 관련 조례를 제정하고 실효성이 있는 후속대책이 뒤따라야 한다고 생각한다.

이처럼 무등산을 둘러싼 도시가 확장되면서 산이 가진 본래의 모습이 점점 파괴되고 주변 경관이 달라지고 있다. 외적 자원을 기반으로 한 산의 전승은 물질 자원의 소비로 끝나는 한계를 드러낼 수밖에 없다. 이에 따라 스토리자원을 중심으로 도시를 재생시킨 외국의 사례를 살펴보고, 무등산에 적용할 방법을 찾아보려 한다.

안데르센의 고향 덴마크 오덴세는 스토리자원을 소재로 도시를 재생하였다. 대형 프로젝트를 도시 발전의 동력으로 삼지 않고, 주민의 실제 삶의 질과 만족도를 기반으로 문화도시를 가꾸는 모범적인 문화도시의 사례라 할 수 있다.

시인이자 동화작가인 한스 크리스티안 안데르센(Hans Christian Andersen, 1805~1875)은 오덴세[235]에서 태어났다. 노랑, 주황, 초록의 원색과 파스텔 톤의 건물, 크게 높거나 낮은 건물이 없는 오덴세

233) 일제 전재민촌의 흔적이 있어 보존해야 될 '학동 팔거리' 및 전재민을 위해 모금운동을 했던 김구의 스토리가 깃들어 있는 백화마을이 아파트 건설로 사라졌다. 새로 지은 아파트 단지 옆에는 '백화'라는 이름의 아파트 한 동과 최근에 지은 백범김구 기념회관 만이 남아 있다.

234) 2015년 5월 분양한 학동 3구역 재개발사업으로 건설된 무등산 아이파크 아파트는 최고 35층의 건물로 무등산 조망권에 대한 문제가 제기되고 있다.

235) 인구 19만 명의 작은 도시이다.

거리의 경관은 실제 동화 속 분위기로 가득 차 있다. 동화작가의 고향으로 유명하지만, 이것만으로 오덴세를 설명할 수는 없다. 오덴세가 문화적인 이유는 안데르센 박물관과 도시 곳곳에 산재한 작은 박물관 등의 문화시설과 더불어 시민 생활 속에 뿌리내린 문화의 조각이 서로 긴밀히 맞물려 형성되어 있는 도시의 경관과 분위기 때문이다.

원래 오덴세는 덴마크 내에서도 가장 큰 철강 중심의 산업도시였다. 그러나 철강 중심의 구조로는 21세기 경쟁에서 살아남기 어렵다는 것을 깨닫고 도시의 핵심 산업 구조를 장소성을 활용한 문화와 관광으로 전환하였다. 오덴세는 박물관이나 미술관, 오페라하우스를 갖춘 거대한 문화도시의 이미지를 거부하고 '주민이 실제 접하는 생활문화 중심의 문화도시'를 추구하고 있다. 즉, 진정한 문화도시는 주민이 생활에서 직접 느끼고 체험하는 '생활문화 육성'이라는 결론을 내린 셈이다.

이런 전략은 오래 전부터 시행하고 있는 강력한 '역사 · 문화 보존지구' 정책에서 잘 드러난다. 있다. 건물의 개보수나 고층 건물 신축에 타협 없는 보존 정책으로 장소성을 확보하고, 이 기반에 안데르센의 스토리를 더하여 문화도시를 시작할 수 있었다. 다양한 문화 프로젝트로 주민이 직접 느끼는 문화도시, 살기 좋은 도시를 만들어가는 오덴세의 사례에서 무등산과 인근 지역에 대한 개발 및 경관 정책의 해법을 찾을 수 있을 것이다.

무등산 인근 지역의 '경관 조망권' 및 '도시경관 조성'을 위해 현재의 '재개발' 중심의 틀에서 벗어나 '도시재생'으로 전략 수정이 필요하다. 무등산의 경관이 보존될 수 있도록 무분별한 개발을 제한하기 위해서는 우호적 여론의 확산을 통해 '지방 조례'를 제정하여 '무등산 경관 보존지구'[236]를 지정하여야 한다.

무등산의 정상이 개방되는 지금, 더욱 중요한 것은 스토리자원의 흔적을 지닌 장소가 개발로 더 이상 사라지기 전에 보존하고 주변의 전통 골목길을 자원화하여야 한다. 주변의 공 · 폐가를 매입하여 작은 '스토리 박물관' 및 '공연 시설' 공간을 조성하는 방안이 마련되었으면 한다. 즉 '도시 재개발'에서 '도시 재생'으로 전환은 스토리자원이 도심재생의 성공적 모델이 될 수 있는 계기를 마련할 수 있다.

2. 무등산 스토리자원의 기반 조성

무등산은 지역민에게 등산이나 레저 활동을 하는 힐링의 공간일 뿐만 아니라 상호명 · 학교 교가 · 별명 등의 표상으로 인식되어 지역 삶의 현장에서 밀접하고 친근한 관계를 맺어오고 있다. 이런 긴밀함은 '경제적 활용과 개발'이라는 욕구를 발생시켰고, 논쟁은 다양한 담론을 형성하는 계기를 마련하였다. 1980년대 무등산이 중병을 앓

236) 국토법에 제한된 지역 외에 자연, 경관, 환경을 관리하기 위해 자체 조례를 제정하여 개발행위나 건축행위를 엄격히 규제할 수 있다. 제주도의 경우 1등급에서 5등급까지의 '경관보존지구'를 통해 시설물 설치 및 토지 형질변경을 규제하고 있으며, '생태계 보존지구'를 통해 면적을 제한하고 있다. 또한 '지하수 보존지구'를 제정하여 하수발생을 엄격히 제한하고 있다.
오재일, 앞의 논문, 1995, 195쪽.

고 있을 때 '산이 죽으면 사람이 죽는다.'[237]라는 여론이 형성되어 무등산 보호운동에 동기를 부여해 준 논리에 주목하여야 한다.

1970년대 국토 개발 시기에 무등산은 개발의 대상이자, 국가의 통제 대상이었다. 개발이 진전되면서 무등산에 여러 상흔을 입혔다. 바야흐로 공해문제와 지구 온난화의 폐해로 생태적 삶을 동경하게 되면서 자연은 더 이상 개발의 대상물이 아니었다. 생태적 보존 가치의 요구와 국립공원 승격, 유네스코 세계지질공원 지정 및 재인증 등의 시대적 상황은 '하드웨어' 중심에서 벗어나 무등산이 내재한 다양한 콘텐츠, 특히 '시간자원'을 기반으로 하는 '스토리'에 관심을 갖게 되었다. 이러한 소프트웨어 중심의 스토리로 방향 전환은 도시의 탄력성과 다양성을 통하여 지속가능한 비전을 제시해 줄 수 있다.

'공간자원'은 언젠가는 고갈될 것이며, 경우에 따라서는 고갈 자체로 끝나는 것이 아니라 엄청난 재앙을 불러일으킬 수 있다. 이런 현상은 이상기온에 따른 지구온난화를 부르면서 질병, 자연재해, 경제위기 등 각종 문제를 야기하고 있다. 그러나 시간자원은 이들과 성격을 달리한다. 역사 속에 파이프를 꽂아 문화자원을 뽑아 낼 수 있으며 시간자원은 아무리 써도 고갈 되지 않는다. 오히려 품어놓은 샘물처럼 맑은 물이 더 잘 솟는다. 이제는 한정된 물질자원보다 시간자원인 '스토리'를 주목해야 한다. 무등산 스토리가 바탕이 되는 시간 자원에서 얻을 수 있는 총체적 지혜를 점검하고 그것을 지속가능성에 기반을 둔 문화콘텐츠로 개발하는 방법을 모색함으로, 오늘날 우리

237) 나경수, 「한국의 전통적 생활문화에 기반한 생태문화적 체계의 확산」, 『아시아 생태문화』, 문화체육관광부 아시아문화중심도시추진단, 2009, 149쪽.

가 겪고 있는 무등산의 개발과 보전에 관한 문제에 대해 새로운 방안들을 모색할 수 있을 것이다.

가. 무등산 연구원 설립 및 산악문화 관련 국세 네드워크 구축

무등산에 대한 스토리자원과 산악문화에 대해 인식을 공감하고, 다양한 방향의 연구가 실현될 수 있도록 '연구원' 설립과 '국제적 네트워크' 구축이 필요하다.

무등산은 국립공원과 국가지질공원이 되었으며, 이제는 유네스코 세계지질공원에 편입되어 있다. 그러나 무등산을 산악 문화적으로 수용하려는 정책적인 배려나 연구는 많이 부족한 실정이다. 지리산과 한라산이 '지리산권연구단'과 '한라산연구원'을 설립하여 산악을 인문적 시선으로 바라보는 노력과 정책수립을 통한 실천을 통해 실현해나가고 있는 사례는 세계지질공원을 지향하는 무등산에 많은 시사점을 남겨주고 있다.

일본의 경우 가미코치 국립공원 안에 위치한 '신슈대학 산악종합연구소'는 산에 대한 자연과 인문적인 연구를 종합적으로 실시하고 있다. 특히 일본 산악문화에 관한 장서 및 자료들이 보관되어 있는 '산 관련 컬렉션 아카이브 센터'는 관심을 가져야할 사항이다. 중국의 경우 세계에서 가장 광활한 카르스트 지형 중 하나로 2007년 유네스코 자연문화유산으로 지정된 '석림'을 종합적으로 연구하는 '운남대학교 민족연구원'이 있으며, 태산[238]에 대한 연구를 통해 세계적

238) 중국의 5대 명산의 하나인 동악으로 신성시 여기고 있으며, 역대 황제들의 의식을 행하던 장소로 신성시 여기는 산.

인 명산으로 가치를 알리고 있는 '태산연구원' 등이 있다. 위 연구단체는 한국의 지리산권연구원, 베트남 국가사회과학원 부속 종교연구원과 함께 2011년 '동아시아 산악문화연구회'를 결성하였다. 산이 가진 자연 · 생태적 특징과 산과 사람 간의 소통에서 창출된 문화를 연구, 고찰하여 산악문화가 가지는 특수성과 보편성을 밝혀나가고 있으며, 매년 국제 학술대회를 개최하고 있다.[239]

무등산을 실질적으로 조사 · 연구 할 수 있는 기관의 설립과 함께 '동아시아 산악문화연구회'와의 국제적 네트워크의 형성이 필요하다. 또한 무등산의 인문적 관심을 유도하기 위해 '국내 학술대회' 및 '동아시아 산악문화연구회 국제학술대회'를 개최함으로 산에 대한 '지속가능한 발전'을 중요한 중심 가치로 도약하는 유네스코 세계지질공원이 될 것이다.

이런 연구 기반은 무등산에 대한 담론을 수용하고, 산악 문화에 대한 가치를 조명하여 올바르게 활용될 수 있는 다양한 방안을 찾을 수 있게 해준다.

2022년 광주광역시는 '무등산권 유네스코 세계지질공원 연구진흥원'설립을 위한 타당성 검토 용역을 실시하였다. 이는 지방 공공기관을 설립하여 체계적이고 합리적인 관리를 유지하기 위한 방안으로 사료된다. 또한 4년마다 실시하는 유네스코 세계지질공원의 재인증 심사를 대비하여 실무적인 구심점 역할을 하기 위한 전문기관을 설립하겠다는 뜻으로 이해할 수 있다. 하지만 연구에 대한 범위가 지질

239) 우리나라에서도 2011년 경남대학교, 2015년 순천대학교에서 각각 국제학술대회를 개최하였다.

로만 한정되어 있는 것에 벗어나 인문, 경제, 문화 등 통합적이며 다양성 있는 조사 · 연구가 활성화 되어야 할 것이다. 또한 국제 네트워크에 대한 영역도 지질공연에 대한 협의체 성격에서 벗어나 산에 대한 전체 연구소, 경제기관, 행정 등이 복합적으로 참여하는 산에 대한 연구, 보존, 활용을 위한 단체들의 네트워크를 담당할 수 있는 기능부여가 필요하리라 생각된다.

나. 스토리자원 조사·연구시스템 구축과 산 관련 컬렉션 설치

아시아 문화의 허브이자 발전소인 아시아문화전당 5개 기관[240] 중 하나인 '문화정보원'에 무등산을 비롯한 아시아 산의 스토리 컬렉션과 스토리 아카이브 시스템을 구축하여야 한다.

문화정보원 종합계획에 의하면, 조형 예술, 스토리, 의례 · 공연예술, 의식주, 이주 · 정착의 5대 조사 연구 영역을 선정하고, 자원을 조사 · 수집 · 아카이브를 통해 문화예술 및 산업현장에 원형 문화자원을 제공하는 것이 가장 중요한 기능 중 하나였다.[241] 그러나 개관을 위해 선임된 감독을 비롯한 담당공무원들은 문화정보원의 컬렉션과 아카이브 방향을 사진, 비디오아트, 실험영화, 근현대 건축, 전시, 공연예술, 책, 이주 등의 영역으로 성격과 방향을 수정함으로써 원래의 문화전당이 추구하려는 문화자원의 조사 · 연구 기능과 원형

240) 아시아문화전당은 문화창조원, 문화정보원, 예술극장, 민주평화교류원, 어린이문화원의 5개 기관으로 구성되어 있다.

241) 아시아문화중심도시추진단,『국립아시아문화전당 종합계획』, 문화체육관광부, 2014, 42쪽.

콘텐츠를 제공하여 문화예술현장에 폭 넓게 사용할 수 있는 계획으로 전환하게 되었다.

종합계획에 의하면 아시아정보원의 주요 기능인 '라이브러리 파크'에서 스토리텔링 컬렉션을 배치하고, 자원관리시스템을 통해 스토리자원을 수집하고 아시아의 다양한 사용자가 이용할 수 있도록 할 계획이었다. 그러나 자원 조사 · 연구의 기간이 길고, 표면적 연구성과를 얻기 힘들다고 판단한 전당관계자가 실시 계획을 변경하여 현재의 모습으로 변모되었다.

그동안 아시아문화전당은 다양하고 방대한 스토리자원 조사사업을 실시하여 왔다. 그 대표적인 사업이 '아시아 스토리 현황조사 및 대표 스토리 발굴사업'[242]과 '산테마 아시아 스토리텔링사업' 이었다.

'아시아 스토리 현황조사 및 대표 스토리자원 발굴사업'은 키르기스스탄, 우즈베키스탄 등 중앙아시아 지역에서 전해내려 온 '무사바티르', '키즈 지베크', '알파미시' 같은 각종 설화의 원천 텍스트를 현지에서 수집하여 한글과 영어로 번역하여 스토리를 자원화하였다.[243] 또한 동남아시아 · 동북아시아 · 중앙아시아 · 아랍 · 서남아시아의 주요 원형 서사를 수집하여 이야기 지도를 설계하고 아시아의 대표 스토리 100개를 발굴하여 선정하였다. 이 조사를 통하여 작품별 · 장르별 · 생활문화별 · 형태별로 분류할 수 있는 체계를 수립

242) 아시아와 한국의 설화 원형 등 아시아 고유의 문화자원을 활용한 스토리텔링 및 국립아시아문화전당의 콘텐츠로 개발하기 위한 사업이다.

243) 윤정훈, 앞의 논문, 2012, 24쪽.

하였고, 스토리자원의 활용 방안을 제시하였다.

한편 무등산을 포함한 아시아의 산을 테마로 하여 스토리자원을 조사하고 자료를 정리하기 위해 '산테마 아시아문화 스토리텔링 사업'[244)]을 진행하였다.

이 사업은 크게 무등산 및 국내와 외국산을 대상으로 각 연도별 테마에 맞는 스토리를 조사, 발굴, 수집하여 일정한 형식의 데이터로의 변환하여 온라인 아카이브 시스템에 수록하였다.[245)] 또한 조사된 스토리자원을 문화콘텐츠로 재가공하고 산업현장에 활용할 수 있는 다양한 실험과 방안을 제시하였다.

그동안 조사 · 연구되었던 무등산과 아시아의 스토리자원이 수장고에서 벗어나 산악문화를 연구하고 자원화하려는 후학에게 다양하게 활용될 수 있는 정보를 제공하여야 할 것이다. 이러한 활동은 조사 · 연구를 통해 얻은 훌륭한 스토리자원이 아시아문화전당의 콘텐츠 자산으로 자리매김할 수 있는 길을 열 것이다. 부디 아시아문화전당이 기존 다른 문화예술기관과 다른 창작과 제작의 산실로서 기능을 다하기 위해서는 창작의 원천자원에 대한 기초 조사, 연구, 아카이브 기능들이 활성화 될 수 있어야 만 할 것이다.

244) 2011년부터 2013년까지 진행되었다. 광주의 '무등산'과 더불어 국내의 산과 아시아 '산'에 대한 원전 스토리자원을 조사 · 발굴 · 수집 · 활용하여 스토리 원천자원으로 가공하고 아카이브함으로써 가치 있는 문화콘텐츠로 활용하기 위한 사업이다.

245) 산테마 스토리텔링뱅크(http://www.sanstory.or.kr)

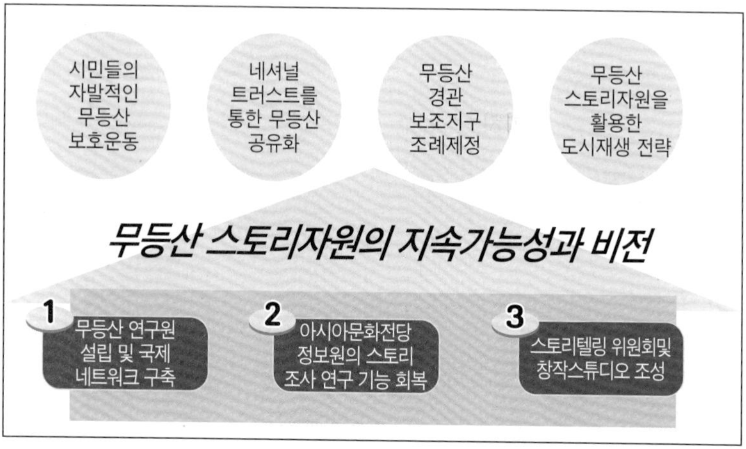

〈그림 20〉 무등산 스토리 자원의 지속가능성과 기반조성

다. 무등산 스토리텔링 위원회 및 스토리 창작 스튜디오 조성

무등산의 문화자원을 개발하고 활용하는 일련의 과정에서 전문적인 추진 주체의 선정은 무엇보다 중요하다. 먼저 무등산을 문화적 대상으로 파악하기 위해 자원을 발굴, 조사, 연구했던 사업을 진행한 경험이 있는 기관을 살펴보면, '무등산 브랜드 및 웹생태박물관 사업'을 진행한 광주정보문화산업진흥원과 '산테마스토리텔링 및 박선홍의 『무등산』 책자발간' 사업을 진행한 광주문화재단, 그리고 '아시아 대표 스토리 발굴사업'을 실시했던 아시아문화전당 정보원사업팀이 있다. 무등산에 대한 문화적 인식과 활용에 대한 사업을 구상하고 진행하기 위한 추진 주체인 '무등산 스토리텔링 위원회'를 조직하여 무등산에 대한 문화적 활용방안을 구체적으로 실행할 수 있도록 하

여야 한다.

또한 무등산 근교에 '스토리텔링 창작 스튜디오'를 조성하여 다양한 방면의 예술 활동가와 기획자들의 레지던시 공간을 확보해야 한다. 무등산의 스토리를 활용하여 문화콘텐츠로 개발될 수 있는 다양한 방안을 실현할 수 있는 체계를 구축함으로 무등산이 지질유산으로 가치뿐 아니라 인문 및 문화를 향유할 수 있는 보다 더 편한 곳이 되어야 할 것이다.

이러한 일련의 전략과 비전은 지역에서 양질의 콘텐츠를 확보하고, 이를 토대로 다양한 방면의 문화산업이 활성화될 수 있는 진정한 의미의 '문화중심도시'를 만드는 데 일조할 것으로 기대된다.

VI

결론

무등산 스토리텔링 및 문화콘텐츠 연구

VI. 결론

산은 지역의 문화적 경계를 이루며, 문화권을 형성하고 발전시킨다. 산에 대한 문화적 연구는 인간과의 관계 속에서 형성된 다양한 문화자산에 대한 가치를 고찰하고 집단 무의식을 통해 형성된 원형 문화 이미지를 알게 한다.

사람은 산과 함께 생활하며 다양한 흔적들을 '스토리자원'에 남긴다. 스토리자원에는 오랜 기간에 걸쳐 축척된 '산에 대한 전통적인 사고와 인식' 등이 담겨있다.

본 연구에서는 스토리자원의 유형과 현황, 문화원형 이미지, 자원이 지닌 가치와 개발에 대한 시의성을 고찰하였으며, 이 자원을 바탕으로 활용할 수 있는 다양한 개발 방안 등에 대해서도 검토하였다.

무등산 스토리자원은 과거에서 현재까지 다양한 모습으로 변용되면서 시간적 연속성과 공간적 고유성을 유지하고 있다. 특정 분야와 장르를 넘어 다양한 영역에서 공통적으로 확인되는 유형을 유지하고 있다. 공간(空間) · 시간(時間) · 인간(人間)의 삼간(三間)을 바탕으로 지리적 담론, 역사적 담론, 사회적 담론으로 무등산 스토리자원의 분류 체계를 살펴보면 아래와 같다.

첫째로 '지리적 담론'은 '지명 획득형'과 '지형 설명형' 유형으로 구분된다. 전자는 풍수지리적 배경과 생산적 기능 및 해원 등에 의한 유형이 해당된다. '지형 설명형'은 외부적인 배경보다는 지형이 가지고 있는 생활 방식이나 지형의 모양 또는 언어적 연관성, 혹은 경제적인 현실 등에 의해 형성되었다.

둘째, '역사적 담론'의 스토리유형은 역사적 인물 김덕령의 탄생과 성장, 위기와 죽음 등 전 생애를 담은 '영웅 생애형'과 예술 활동 · 은둔(隱遁) · 침탈과 토벌 등의 특징적인 면모를 강조하는 '인물 활동형'으로 구분할 수 있다.

셋째 '사회적 담론'의 스토리 유형은 무등산에서 일어났던 정변과 왜적의 침입 등 '역사적 사건'을 중심으로 하는 '사건 발생형'과 유산, 탁열풍속, 화전놀이, 물맞이를 소재로 '생활상 반영형'이 있다. 또한 무등산 일원에서 무속, 불교, 도교 등 신앙 활동과 관련된 '종교 지향형'이라 한다. '정서 중심형'은 '정서(情緖)에 내재된 '한', '보은', '신명' 등의 스토리자원이 중심을 이룬다.

이와 같은 다양한 유형의 무등산 문화자원들은 당시 삶을 영위한 사람들의 전통적 사고와 의식을 반영하고 있으며 다양한 문화원형에 대한 이미지를 내포하고 있다. 그 이미지들을 분석하여 보면 다음과 같다.

첫째, 사람이 산에 대하여 가진 강렬하고 원초적인 감성과 관련된 모성적 문화원형 이미지이다. 사람이 궁극에 가서는 산에 귀의(歸依)할 수밖에 없기 때문에 따뜻한 어머니 품 속 같은 정겨움의 대상으로서 무등산을 표현하고 있다.

둘째, 무등산을 통해 안락한 삶과 평화를 상징하는 이미지가 있다. 이 범주에는 자연재해를 막아주던 영험(靈驗)과 그 힘을 칭송하며 평화스러운 삶을 간절히 소망하던 사람들의 '안민 · 희구' 이미지도 포함된다.

셋째, 무등산은 신이 강림(降臨)하거나 은총(恩寵)이 내려지기를 기원하는 성스런 구역으로 기복 신앙의 대상 혹은 국가와 지역의 안녕을 기원하는 공간으로서 신성한 이미지를 내포하고 있다.

넷째, 무등산은 기다림과 탈속의 대상으로서 '은일 이미지'가 있다. 이들의 산중생활은 오랜 기다림과 탈속의 정신세계가 깃든 문화원형 이미지를 상징하고 있다.

다섯째, 무등산은 '유산기', '화전놀이', '물맞이', '탁족', '낙화놀이' 등이 상징하듯이, 놀이공간으로서 '유람 · 유희의 이미지'를 갖고 있다

또한 무등산은 '의로움의 공간'이기도 하다. 그 지역에 살고 있는 사람들의 집단적 인성을 반영한 이야기들이 다양한 의기로운 이미지를 표현해 주고 있다.

이와 같이 다양한 이미지를 표현하고 있는 무등산 스토리자원은 지역의 문화적 정체성을 확립하고 이를 바탕으로 공동체를 유지하고 정신을 공유하며 서로의 삶의 조화와 포용성을 담아내고 있다. 더

불어 시대를 반영하는 역사적 자산으로서 가치를 품고 있으며 현대에 있어서는 문화산업에 사용할 수 있는 콘텐츠자산으로 가능성을 지니고 있다. 이와 함께 고려해야 될 점은 무등산 스토리 자원이 깊게 간직하고 있는 '인문적 가치'를 간과해서는 안 될 것이다.

이제 무등산 스토리자원은 과거의 잔존상태에서 벗어나 문화콘텐츠로 개발되어야 한다. 시장 소비자의 요구와 필요를 적극 반영하고, 트렌드 변화에 부응하여야 한다. 이에 무등산 스토리자원에 대한 개발 방향과 문화콘텐츠로의 활용방안을 제시하면 아래와 같다.

첫째, 무등산 스토리지구를 구성하여 공간이 텍스트가 될 수 있도록 한다. 아트 테마 스토리지구, 종교 테마 스토리지구, 절리 테마 스토리지구, 영웅 테마 스토리지구 등으로 나눌 수 있다. 또한 고경명 등이 남긴 유산기에 보이는 행적, 김덕령의 활동 무대를 연결하는 탐방로를 조성하여 문화체험공간으로도 활용할 수 있다.

둘째, 스토리자원을 활용한 문화교육수업을 진행할 수 있으며 학습자는 무등산의 역사와 전통을 익히고 지역문화에 대한 문화적 정수를 배울 수 있을 것이다.

셋째, 무등산 스토리자원은 영상 · 공연 등 문화산업의 다양한 분야에서 매력적인 문화콘텐츠의 소재로 활용될 수 있다.

넷째, 스토리자원의 '관광적' 활용을 위한 운용매체와 더불어 무등산의 사계를 테마로 하는 관광 상설프로그램 등을 운영함으로 관광콘텐츠로도 활용 될 수 있다.

이와 같이 무등산 스토리자원은 테마공원 조성과 문화교육, 문화산업과 문화관광 현장에서 사용될 수 있는 콘텐츠로 활용할 수 있다.

이런 가치를 바탕으로 무등산스토리자원을 광주의 대표 문화브랜드로 집중 육성할 수 있도록 행정적 노력과 민간 투자 유치에 대한 의지가 필요하다.

한편, 무등산 스토리자원이 미래에 대한 비전을 갖기 위해서는 고유의 장소성이 보존되어야 한다. 이를 위해서는 시민들의 자발적인 보호운동과 내셔널트러스트, 경관 보존지구 조례 제정, 스토리자원을 활용한 도시재생 전략의 지속가능한 노력을 이끌어야 한다. 아울러 무등산 연구원 설립, 아시아문화전당의 스토리 조사 연구기능 회복, 사업 추진주체 선정 등의 정책적 노력이 동반되어야 할 것이다.

무등산 스토리자원은 지역이 내포하고 있는 문화적 정체성을 알리는 표상이며, 지역의 문화적 가치를 보여줄 수 있는 통로이기도 하다. 무등산이 단지 오르기 위한 산으로만 존재하지 않고 현재를 살고 있는 우리에게 지혜로운 삶을 가르쳐 주는 스승으로서 지평을 넓혀 가며, 다음 세대에게 삶의 깊은 속살을 살펴 자기 성찰의 가치 있는 자원으로 항상 자리매김 하길 소망한다.

〈참고문헌〉

(가) 史書·文集

『高麗史』, 『高麗史節要』, 『茶山詩文集』, 『東史綱目』, 『晩德集』, 『俛仰集』, 『數竹集』, 『新增東國輿地勝覽』, 『與猶堂全書』, 『淵齋集』, 『正齋集』, 『霽峰集』, 『朝鮮王朝實錄』, 『海峯集』

(나) 단행본

강동원, 『화순의 전설』, 광일문화사, 1982.

김갑동, 『한국종교사상사의 재조명』上, 원광대출판국, 1993.

김경수, 「광주광역시」, 『대한지명유래지』, 국토지리정보원, 2010.

김덕진, 『소쇄원 사람들』, 다할미디어, 2007.

　　　외, 『무등산 옛길 스토리텔링』, 광주광역시, 2010.

김대현 외, 『국역 무등산유산기(無等山遊山記)』, 광주시립민속박물관, 2010.

김선풍 외, 『민속학으로 본 열두 띠 이야기』, 집문당, 1995.

김승찬, 『한국구비문학대계』 6-3, 한국정신문화연구원, 1984.

김영순, 『스토리텔링의 사회문화적 확장과 변용 : 텍스트와 이미지에서 문화교육으로』, 북코리아, 2011.

김영한, 『스토리로 승부하라 : 스토리를 황금으로 바꾸는 사람들』, 새빛에듀넷, 2008.

구미례, 『한국인의 상징세계』, 교보문고, 2000.

구인환 · 구창환, 『문학개론』 2판, 삼영사, 2011.

광주민속박물관, 『광주의 설화』, 광주민속박물관, 2001.

광주시, 『내 고장 전통 가꾸기 : 광주의 얼』, 광주시, 1982.

광주직할시 향토문화개발협의회, 『무등산 : 문화유적조사』, 광주직할시, 1988.

광주시립민속박물관, 『광주의 전설』, 1990.

광주광역시시립민속박물관, 『광주의 풍수(風水)』, 광주광역시 시립민속박물관, 2002.

나경수, 『한국의 신화』, 한얼미디어, 2005.

외, 『광주 충효동 성안마을 사람들의 삶과 앎』, 심미안, 2007.
노시훈 외, 『산과 연』, 광주문화재단, 2013.
, 『산과 유』, 광주문화재단, 2014.
경희대학교, 『콘텐츠산업의 획기적 발전을 위한 신패러다임 구축으로서의 스토리텔링 활성화 방안』, 문화체육관광부, 2010.
류수열외, 『스토리텔링의 이해』, 글누림, 2007.
민경호, 『장소의 혼』, 태림문화사, 1996.
박선홍, 『無等山 : 무등산의 유래와 전설 경관』 7판, 다지리, 2008.
, 『광주 1백년』 3, 광주문화재단, 2015.
박성의, 『韓國文學背景硏究』下, 삼우사, 1976.
박종천 외, 『한국인의 문화유전자』, 아모르문디, 2012.
심상민, 『미디어는 콘텐츠다』, 김영사, 2002.
서영대 · 송화섭, 『용, 그 신화와 문화 : 한국편』, 민속원, 2002.
송정란, 『스토리텔링의 이해와 실제』, 문학아카데미, 2006.
이재선, 『한국문학주제론』, 서강대학교출판부, 2009.
전국문화원연합회 광주광역시지회, 『광주광역시 구전설화』, 전국문화원연합회 광주 광역시지회, 2005.
조윤제, 『한국문학사』, 탐구당, 1994.
지춘상, 『한국구비문학대계』 6-2, 한국정신문화연구원, 1981.
정호균, 『전설로 되살아난 민중의 영웅 김덕령』, 광주광역시 북구, 2003.
최래옥, 『한국구비문학대계』 5-2, 한국정신문화연구원, 1981.
최시한, 『소설 어떻게 읽을 것인가』, 문학과지성사, 2010.
최원석, 『사람의 산, 우리 산의 인문학』, 한길사. 2014.
최정호, 『산과 한국인의 삶』, 나남, 1993.
한강희, 『스토리, 스토리텔링, 스토리디자인』, 푸른사상, 2010.
한국관광공사 한류연구팀, 『왜, 관광스토리텔링인가』, 한국관광공사, 2005.
한교경, 『문화원형의 스토리텔링 전략과 분석』, 북코리아, 2013.
표인주 · 조정규, 『무등산권 무속신앙의 공간』, 민속원, 2011.
에드워드 렐프, 김덕현 · 김현주 · 심승희 역, 『장소와 장소상실』, 논형, 2005.
카렌 암스토롱, 이다희 역, 『신화의 역사』, 문학동네, 2005.

(다) 연구 논문

김괘덕, 「산의 원초적 의미와 역할 연구 : 고전시가의 산을 중심으로」, 『어문교육논집』 제13집, 부산대학교 국어교육과, 1994.

김종혁, 「산경표의 문화지리학적 해석」, 『문화역사지리』, 제14호, 2002.

김대현, 「무등산 유산기에 대한 연구」, 『남경 박준규 박사 정년기념논총』, 정년기념논총간행 위원회, 1998.

, 「20세기 무등산 유산기 연구」, 『한국언어문학』 제46집, 한국언어문학회, 2001.

, 「무등산유산기의 자료학적 검토」, 『2011년도 전남대학교 호남학연구원 학술대회논문집-無等山의 傳展典』, 전남대 호남학연구원, 2011.

김병인, 「고려 예종대 도교 진흥의 배경과 추진세력」, 『전남사학』 제20집, 2003.

김순영, 「무등산 유산기 연구」, 전남대 석사학위논문, 2013.

권정우, 「한국 현대시에 나타난 지리산의 상징」, 『개신어문연구』 제31집, 개신어문학회, 2010.

나경수, 「무등산 전설의 연구」, 『韓國民俗學』 제41집, 한국민속학회, 2005.

, 「호남지역 전통문화의 현전화를 위한 활로 모색」, 『호남문화연구』 제39집, 전남대학교 호남학연구원, 2006.

, 「한국의 전통적 생활문화에 기반한 생태문화적 체계의 확산」, 『아시아생태문화』, 문화체육관광부 아시아문화중심도시추진단, 2009.

, 「김덕령의 역설적 삶과 의의」, 『남도민속연구』 제22집, 2011.

, 「3향 문화권 설정을 위한 호남지역 문화표상의 탐색」, 『호남문화연구』 제49집, 전남대 호남학연구원, 2011.

, 「지리산의 신성화 양상과 신성 표상」, 『한국민속학』 제58집, 2013.

민보영, 「김덕령에 대한 설화와 소설의 비교 연구」, 전남대 석사학위논문, 2004.

박기수, 「소설 '해리포터 시리즈' 스토리텔링 전략 연구」, 『한국언어문화』 제42집, 한국 언어문화학회, 2010.

박내경, 「무등산 천제단 개천제 신앙고」, 『남도민속연구』 제11호, 남도민속학회, 2005.
박명희, 「조선조 문인의 무등산 유람과 시적 형상화」, 『동방한문학』 제46집, 동방한문학회, 2011.
박원경 · 김병인, 「김덕령장군 영웅화의 역사적 과정에 대한 층위적 해석」, 『인문콘텐츠』 제38호, 2015.
박영민, 「유산기의 시공간적 추이」, 『민족문화연구』 제40호, 2004.
변동명, 「고려후기 무등산신앙과 광주」, 『무등산 전문가 초청 강연회 자료집』, 광주문화재단, 2011.
서해숙, 「무등산 숭사의 전통과 현대적 계승」, 『남도민속연구』 제24호, 2012.
송기태, 「전남 남해안 마을풍물굿 연구」, 목포대 박사학위논문, 2011.
이동순, 「현대시에 나타난 무등산의 표상과 의미화 양상」, 『2011년도 전남대학교 호남학연구원 학술대회논문집-무등산의 傳/展/典』, 전남대 호남학연구원, 2011.
이동언, 「맥락주의를 건축이론화하기 위한 시도(1)」, 『건축역사연구』 제8권 2호, 한국건축역사학회, 1999.
이용식, 「민속마을 보호 · 지정제도의 문제점 및 방향 : 광주 칠석동 사례를 중심으로」, 『남도민속연구』 제25집, 남도민속학회, 2012.
임준성, 「무등산 사찰제영시 연구」, 『韓民族語文學』 제62집, 한민족어문학회, 2012.
, 「'성산계류탁열도' 재연 분석과 문화콘텐츠로서 가능성」, 『남도민속연구』 제25집, 2012.
오재일, 「환경보호와 시민운동」, 『학국지방자치학회보』 제7집, 한국지방자치학회, 1995.
유경남, 「무등산 타잔 - 1970년대 도립공원지정과 산, 사람들」, 『2011년도 전남대학교 호남학연구원 학술대회논문집 - 無等山의 傳展典』, 전남대 호남학연구원, 2011.
윤정훈, 「스토리텔링을 위한 스토리자원 아카이브 구축방안 연구」, 명지대 석사학위논문, 2012.
정경주, 「조선 중기 처사문학의 경향」, 『부산한문학』 제2집, 1987.
정경운, 「지리산 공간 스토리텔링 : 문화콘텐츠화 전략과 방향을 중심으로」,

『남도문화연구』 제20집, 순천대학교 남도문화연구소, 2011.
정병흠, 「민속예술의 미술교육 활용과 효용 연구」, 전남대 박사학위논문, 2012.
장미영, 「소설의 문화원형콘텐츠화 방안 : 최명희의 혼불을 중심으로」, 『한국문학이론과 비평』 제24집, 한국문학이론과 비평학회, 2004.
정 민, 「漢文學 遺産 속에 기려진 無等山의 表象 : 山水遊記를 中心으로」, 『韓國漢文學硏究』 제21집, 한국한문학회, 1998.
정소영, 「전래동화에 나타난 설화 수용양상 연구」, 조선대 박사학위논문, 2004.
정지용, 「17세기 전기 무등산권의 한시 연구」, 전남대 박사학위논문, 2009.
최기숙, 「새 세대의 문화기호, '해리포터' 읽는 아이들 : 해리 포터, 롤링 조앤 K. 著 〈書評〉」, 『당대비평』 제5권 제3호, 도서출판 삼인, 2001.
최원석, 「조선후기 지식인의 풍수에 대한 인식과 실천에 관한 일 고찰 - 玉所 權爕의 墓山誌를 중심으로」, 『민속학연구』 제18호, 2006.
, 「한국의 산 연구전통에 대한 유형별 고찰」, 『역사민속학』 제36호, 민속원, 2011.
최애리, 「현대 영화에 나타난 중세 신화의 요소들」, 『문학과 영상』 제5권 제1호, 문학과 영상학회, 2004.
한명희, 「김유정 문학의 OSMU와 스토리텔링」, 『한국문예비평연구』 제27권, 한국 문예비평학회, 2008.
한주리, 「문화콘텐츠 산업의 유연전문화 연구」, 경희대 박사학위논문, 2006.

(라) 보고서

광주광역시, 『무등산 주상절리대 : 유네스코 세계유산 잠정목록 추진관련 자료집』, 광주광역시 문화예술과, 2010.
광주광역시, 『무등산 공원계획 타당성검토, 자연자원조사 및 보전 · 관리계획』, 광주광역시, 2011.
광주문화재단 산테마 연구사업단, 『산테마 아시아문화스토리텔링 최종결과보고서』, 광주문화재단, 2012.
국립공원연구원, 『2013 무등산 국립공원 자연자원조사』, 국립공원관리공단, 2014.
전남대학교 한국공룡연구센터, 『무등산 주상절리대 일대 학술조사조사 및 세계

유산 등재 추진방안 연구 보고서』, 광주광역시, 2013.
아시아문화중심도시추진단, 『국립아시아문화전당 종합계획』, 문화체육관광부, 2014.
(사)아시아문화네트워크, 『아시아 스토리 현황 조사 및 대표 스토리자원 발굴 사업』, 문화체육관광부 아시아문화중심도시추진단, 2011.
, 『아시아 스토리 현황조사 및 자원 발굴사업 2차 사업』, 문화체육관광부 아시아문화중심도시추진단, 2012.

(마) 웹사이트

http://encykorea.aks.ac.kr/-디지털 한국민족문화대백과사전
http://www.sanstory.or.kr/-광주문화재단 산테마스토리텔링뱅크
http://db.itkc.or.kr/-한국고전종합DB
http://www.gasa.go.kr/-한국가사문학관
http://dic.daum.net/index.do?dic/-Daum 한국어 사전
http://www.mudeung.org/-광주정보문화산업진흥원 무등산 웹생태박물관
http://folkency.nfm.go.kr/-국립민속박물관 한국민속대백과사전
http://www.kwangju.co.kr/-광주일보
http://www.namdonews.com/-남도일보
http://www.kocca.kr/-한국콘텐츠진흥원